ÁLVARO PINEDA BOTERO

El esposado
Memorial de la Inquisición
Cartagena de Indias - Sevilla 1633

FUNDACIÓN COMÚN PRESENCIA

Pineda Botero, Álvaro, 1942-
   El esposado : memorial de la inquisición / Álvaro Pineda Botero.
-- Bogotá : Común Presencia Editores, 2011.
   204 p. : il. ; 23 cm.
   ISBN 978-1456547004
   1. Novela colombiana 2. Inquisición – Novela I. Tít.
Co863.6 cd 21 ed.
A1274221
   CEP-Banco de la República. Biblioteca Luis Ángel Arango

Colección

Los Conjurados

Dirección editorial
Amparo Osorio
Gonzalo Márquez Cristo

Derechos reservados
El esposado, Memorial de la Inquisición
© *Álvaro Pineda Botero*
E-mail: alvaropineda@une.net.co

De esta edición
© *Fundación literaria Común Presencia*

Obra Carátula: William Blake. *Europe supported by Africa and America.* In: John Stedman. *Narrative, of a Five Years's Expedition Against the Revolted Negroes of Surinam,* London, 1796. In the John Carter Brown Library, Providence, Rhode Island.

Obra solapa: *Alligator and Snake* In: Maria Sybilla Merian Amsterdam, 1719.

ISBN 978-1456547004

Primera edición 2011
Concepto gráfico, diseño y diagramación
Común Presencia Editores
Tel: 571– 2550478, 3465677
Cra. 10 No. 65 – 77   Piso 4
Bogotá, D.C. Colombia
E–mail: comunpresencia@yahoo.com

A José Amor y Vásquez

ÍNDICE

I.	Juan de Urbina pasa a las Indias	**9**
II.	La supuesta esposa	**131**
III.	El Capitán regresa a Sevilla en condiciones deplorables	**173**
IV.	El misterioso don Pedro de Estrada	**181**
V.	Memorial del proceso	**193**

I.

JUAN DE URBINA PASA A LAS INDIAS

"...No diré más de suplicar a Vuestra Majestad se sirva de mandar se tome resolución en lo tocante a ellas, acerca de poner el Santo Oficio de la Inquisición en este Reino, que tan necesario es para su bien y descargo..."

(Carta de Bartolomé Lobo Guerrero, arzobispo de Santa Fe de Bogotá al rey Felipe III, del 11 de octubre de 1604)

Para salvar el resto de vida que le quedaba, Juan de Urbina trató de recordar detalles precisos de su niñez y juventud. Tenía más de sesenta años de edad, estaba recluido en las cárceles del secreto de la Inquisición de Cartagena de Indias y quería recordarlo todo; no solo los nombres de sus padres y hermanas, de los vecinos, las personas que conoció y los lugares donde vivió, sino también los diálogos familiares, el color de las paredes, el resplandor que entraba por las ventanas en las tardes del estío, los juegos infantiles, el sabor y el olor de los alimentos. Si sus referencias no eran creíbles y comprobables por testigos y aún por documentos, el relato de su existencia no iba a ser aceptado por quienes ahora le endilgaban la vida y los pecados de otro hombre.

En condiciones normales, ¿a quién no le gusta contar su historia, por anodina que parezca? Pero sus condiciones no eran normales y su relato era doloroso y desesperanzado. Recluido en esos calabozos oscuros, húmedos y mal olientes, atacado por ratas y otras alimañas, desprotegido e inerme, humillado y despojado inclusive de su personalidad, se sentía como si no tuviese historia propia, como si le hubiesen arrebatado su pasado, o como si el tiempo hubiese transcurrido para otros y no para él. ¿Quién se acordaba del vizcaíno Juan de Urbina, el de Andagoya? ¿El Juan de Urbina que recorrió tanto mundo, el que tantos hombres famosos trató? Estaba seguro de algunas cosas, y así lo sostenía con vehemencia ante sus jueces. Sí, era vizcaíno, de casta de cristianos viejos e hijo de hidalgo. Se llamaba Juan de Urbina. Había nacido en Andagoya, en el valle de Cuartango, jurisdicción de la ciudad de Victoria. Su padre fue Francisco Ortiz de Urbina, un pequeño comerciante en lanas y vinos, natural de Santa María de Riba Redonda en la Bureba. Su madre se llamaba María Sáenz de Zárate, también vizcaína, y tuvo dos hijas, Rosario y Ana, y un hijo, él, el menor. No conoció a sus abuelos paternos porque vivían en la Bureba: Rodrigo Ortiz de Urbina y Catalina, quien siempre se mencionó en la familia como Casilda (nunca supo el apellido). En cuanto a sus abuelos maternos, Juan Sáenz de Zárate y Catalina —como la abuela paterna, pero de apellido Ochoa— los conoció porque vivían en Andagoya. Hacía más de treinta años que no tenía noticias de ellos y ahora, estaba casi seguro, habían muerto, pero quizás alguno de sus jueces o alguno de los lectores de estas deposiciones se hubiese cruzado con cualquiera de las personas mentadas, abriéndose así el camino para esclarecer el relato de su vida.

Podía recitar de memoria tales informes, pero no podía comprobarlos porque nunca conoció su fe de bautizo. Por eso, cuando los jueces trataron de precisar la fecha de nacimiento, ya las cosas no eran claras. 1567 era el año más probable, pero bien pudo venir a este mundo unos años antes, caso en el cual su vida se confundía con la de otro Juan de Urbina. Pensó disculparse ante los jueces diciendo que por aquel entonces los niños nacían como ovejas en el potrero, sin papeles ni registros, crecían sueltos y recibían las enseñanzas de los mayores en los hogares o donde los vecinos. Solo unos pocos afortunados podían asistir a alguna escuela o recibir las luces bajo la dirección de tutor.

Y aquí la narración volvía a estar a su favor: él era de los afortunados que tenían letras. (El otro Juan de Urbina, por lo visto, ni siquiera sabía escribir). Para este fin fue enviado a casa de unos parientes en el pueblo de Arançon —en la provincia de Soria— aunque no pudo precisar las fechas. Cuando regresó a Andagoya no solo hablaba su nativo éuscaro sino también el castellano, que leía y escribía con regular solvencia, y, según él mismo afirmó, también había adquirido nociones sólidas del latín, todo lo cual le abría horizontes insospechados. Su padre, que no cabía del contento, le dijo que ya era hora de trabajar. Juan de Urbina hubiera preferido continuar los estudios, pero las condiciones familiares no fueron propicias. Se consoló pensando que su afición por la lectura iba a abrirle las oportunidades que le negaban ahora, y, desde entonces, fue un consumado lector de todo libro o pliego que caía en sus manos. En cuanto a trabajar, en esto también fue afortunado: el padre enviaba sus productos a un comerciante de Sevilla y a él le ofreció los servicios de su hijo. Fue así como partió para esa lejana y sureña ciudad, a casa del mercader Domingo de Corquera. (El otro Urbina, en cambio, había partido para Portugal). No se sintió acongojado porque siempre había vivido en casa ajena y eran escasos los recuerdos felices que guardaba de sus padres y hermanas.

Comparadas con Sevilla, las ciudades de su niñez se le hicieron caseríos pobres. Aquélla sí era una verdadera ciudad. Por las bodegas de Corquera —una especie de central de acopio— pasaban los productos más diversos: lanas, tejidos, vestuario, artículos de cuero, quesos, vinos, carnes curadas, granos, espadas, municiones, pertrechos, herramientas, libros y mil cosas más. Corquera también negociaba con animales vivos, desde gallinas y perros hasta vacas y caballos, que reunía en corrales y graneros cercanos a los puertos. Los productos y los animales procedían de muchos lugares de España y surtían las naves que partían para las Indias. Corquera tenía un socio, Pedro de Abacía, dueño de otra bodega con productos de ultramar. Al principio, el trabajo del joven se limitó a cargar fardos y toneles, pero pronto demostró sus conocimientos de lectura y escritura y le fueron asignadas nuevas responsabilidades. Así, durante varios años llevó los registros, controló las existencias y fue el guardián de los documentos.

A su llegada le impresionó el acento andaluz, y pensó que se trataba de otra lengua que también debía aprender.

Pronto se dio cuenta que el castellano que había adquirido en Arançon también se hablaba aquí, pero con variaciones: aspiraban o eliminaban las "eses", sobre todo al final de las palabras, eliminaban o modificaban el sonido de las "erres", y asimilaban unas consonantes con otras. Decían "pejcado" en vez de "pescado", "murlo" o "mujlo" en vez de "muslo", "cojtal" en vez de "costal", "arbañil" en vez de "albañil", "fadda" en vez de "falda", "piejna" en vez de "pierna"; particularidades del lenguaje a las que pronto se acostumbró. Encontró un ambiente propicio para su afición a la lectura y descubrió el mundo insospechado del teatro. A su aposento llevaba ejemplares prestados de los libros embalados en las bodegas, o de los que circulaban entre sus amigos. A la luz del candil pasaba las noches en claro leyendo las aventuras de Amadís, Esplandián, Lisuarte, Florisel, Rogel de Grecia, Silves de la Selva, Palmerín, Don Duardos, Primaleón, Felixmarte de Hircania o Cirongilio de Tracia y los romances de pastores y pastoras a las orillas de las fuentes de un Jorge de Montemayor o de un Gaspar Gil Polo. Las historias desvergonzadas de *La Celestina* y *La lozana andaluza* lo mantuvieron en un estado de zozobra por meses. En la mesa de trabajo de su patrón encontró el *Lazarillo de Tormes* que aquel le permitió leer con reserva. Se familiarizó con obras de Antonio Porras y Sebastián de Orozco. Leía también la poesía de Juan Boscán, Garcilaso de la Vega y del sevillano Fernando de Herrera. Asistía a los "corrales de comedias". En el fondo del patio de cualquier casona o posada se improvisaba el escenario y cómicos itinerantes representaban comedias de doble sentido, que hacían reír al público a carcajadas. En una ocasión llegó a la ciudad el extremeño Vasco Díaz de Tanco que componía obras dramáticas y las representaba, recitaba romances de su cosecha y los vendía en pliegos sueltos, e improvisaba versos lascivos que eran el deleite de los jóvenes. Las obras de Bartolomé Torres Naharro todavía se representaban con éxito y se le volvieron familiares, al igual que los dramas de Diego Sánchez de Badajoz, en especial *La farsa de la hechicera* y *La farsa de la ventura*. A los corrales asistían los más encopetados, cada quien cargando su banco, como si asistiera a la iglesia, y se ubicaban bajo los techos laterales. Juan de Urbina y sus amigos lo hacían de pie, en el centro del patio, con la montonera, a cielo abierto y lo más cerca posible del escenario, para mejor gozar la magia de aquellas jornadas. Lo que más lo impresionaba era el furor colectivo, el sentimiento de unidad que se lograba entre señores y peones, entre hombres y mujeres, entre forasteros y locales.

Con ocasión de ciertas celebraciones, el arzobispo hacía desfilar las órdenes religiosas por plazas y calles. Y debían hacerlo en procesión, con "mortificaciones exteriores decentes". Desfilaban los capuchinos y trinitarios, los agustinos recoletos, los descalzos de San Francisco y Santa Bárbara, unos con calaveras y cruces, otros con sacos y cilicios, sin capuchas, cubiertas las cabezas con ceniza, con coronas de abrojos, vertiendo sangre. Traían sogas y cadenas en los cuellos, cruces a cuestas, grillos en los pies; aspados y liados, hiriéndose los pechos con piedras, con mordazas y huesos humanos en la boca y todos rezando salmos. Juan de Urbina se mezclaba con la multitud para verlos pasar. Entonces sentía cosas extrañas. La vida era algo efímero y, quizás, prescindible. Lo importante venía después de la muerte. Al ver tanta miseria de la carne ya no era dueño de su voluntad. Su devoción cristiana y el sentimiento de la presencia del Señor eran tan fuertes, tan reales, tan sólidos, que, por así decirlo, los podía tocar. Algo similar le ocurría en las procesiones de Semana Santa, cuando luchaba a brazo partido para hacerse un sitio junto a los cargadores de andas. Si, por fortuna, o mejor, por la gracia de Dios, lograba ser admitido como tal, no escatimaba esfuerzo para soportar la más dura prueba, aun con daño de su propio cuerpo. Pero lo que más lo fundía con aquellas creencias y con aquellas masas eran los autos de fe. Al principio de la ceremonia no sentía nada especial. Pero, a medida que trascurría, cierta fuerza aglutinante iba creciendo de manera imperceptible. Y cuando los verdugos encapuchados encendían las teas y con ellas las hogueras que iban a consumir a los infelices condenados, la multitud abigarrada gemía como un solo cuerpo. Entonces Juan de Urbina se sentía descender como una gota arrastrada por el caudal de una catarata sin fondo. Los rugidos de las víctimas llenaban el espacio por largo tiempo; tan lento era el suplicio. Luego se apagaban uno a uno y venía el silencio, y solo se escuchaba el chisporrotear de las brazas. A medida que todo quedaba reducido a cenizas, la tensión se disipaba y cada individuo, en absoluto silencio y sumido en los más devotos pensamientos, tomaba el camino del hogar. El efecto de aquellos actos quedaba intacto y duraba meses en el espíritu de Juan de Urbina. Nunca osó comprender los misterios. Eran, simplemente, manifestaciones de la fuerza divina que aglutinaba a los de su pueblo; la fuerza que indicaba el origen y la pertenencia; la fuerza que lo impulsara a grandes ejecutorias cuando, ya en su vida de adulto, fue llamado a participar en actos colectivos de naturaleza religiosa o militar.

Con el tiempo se ganó la confianza de sus jefes y, entonces, fue admitido en las tertulias que celebraban después de las labores del día. Mientras escanciaban buenas jarras de vino, Corquera y Abacía discutían cosas trascendentales que maravillaban al joven, como lo maravillaban los libros que leía, o los espectáculos a los que asistía. Que si el mundo es uno solo o hay muchos mundos; que si es llano o redondo y si también el cielo es redondo o llano. Que si es habitable toda la tierra o no. ¿Quién podía vivir en la zona tórrida, por su excesivo calor? ¿Era factible el paso de una zona templada a la otra? ¿Y qué decir de las antípodas?

Las respuestas las daban los marineros. Llegaban en barcos cargados hasta más no poder, luego de atravesar el mar tenebroso. Traían plata, oro, marfil, quina, tabaco, clavo de olor. Venían de México y Perú, Senegal o Malucas y de otros continentes, islas y mares. Descargaban la mercancía, contaban sus historias y regresaban a esas lejanías en busca de nuevas aventuras, ahora cargados con los productos de la patria. Los dos socios poseían mapas que iban completando con las noticias recibidas; mapas llenos de anotaciones que discutían largamente en las tertulias de la tarde. Allí aparecían las rutas del Caribe, la de Magallanes, la del Cabo. El mundo —que sin duda era uno solo— tomaba forma en aquellos pergaminos, a pesar de las tachaduras y repasados, a pesar de los contornos imprecisos y las distancias imaginadas. Y mientras el globo parecía achicarse, fluían las leyendas procedentes de ultramar: se supo de tesoros, de tribus lejanas, de islas flotantes en mares de agua dulce, de naufragios y cautiverios en inmensas comarcas de infieles. Quienes visitaban el país de Malabar eran recibidos por príncipes cubiertos de piedras preciosas encaramados en los lomos de los elefantes. Quienes regresaban de México describían los templos de piedras inmensas y macizas bañadas en sangre humana. Se hablaba de selvas interminables con los monstruos más horrendos, montañas cuyas cimas se ocultaban entre las nubes, ciudades cuyo resplandor áureo enloquecía a los expedicionarios, y se citaban los nombres de incontables españoles extraviados en las llanuras de Tierra Adentro.

En las tabernas y mesones de Sevilla, el joven Juan de Urbina se cruzaba con forasteros; comerciantes, soldados, clérigos y todo tipo de individuos. Venían de los pueblos de España y de algunos países vecinos y hablaban lenguas diversas. Como desde niño había observado que existían muchas formas de hablar, ya sabía distinguir el acento de los castellanos del de los andaluces y del de las demás provincias, y podía decir el origen de cada quien por la forma como hablara. Se divertía escuchándolos mientras bebían enormes jarros de garnacha, malvasía o amontillado hasta la embriaguez y declaraban su deseo de embarcarse. Todos se presentaban en la Casa de la Contratación de las Indias del Mar Océano buscando un cupo para ir a América. En vano los funcionarios de Felipe II pregonaban ordenanzas, cédulas reales y demás reglamentos en las plazas de pueblos y ciudades, con los que se les pretendía impedir el viaje. Los nombres de Gonzalo Jiménez de Quesada, Sebastián de Belalcázar, Hernán Cortes, Pedro de Heredia, los hermanos Pizarro, Almagro, Cabeza de Vaca resonaban por doquier. La figura que más le interesaba a Juan de Urbina, sin embargo, era la de Pascual de Andagoya, quien había nacido en su propio pueblo en un hogar similar al suyo, y de quien oyó hablar desde la más tierna edad. Andagoya bien podía ser el modelo de su vida: había participado en la expedición de Pedroarias Dávila por el Pacífico y en la fundación de Panamá y fue quien difundió la noticia del fabuloso reino de los Incas, abriendo la posibilidad de que los hermanos Pizarro iniciaran la conquista del Perú. Eran historias recientes que llenaban la imaginación de los jóvenes y atraían más y más aventureros.

Todos estaban convencidos de que la labor apenas comenzaba y de que iba haber espacio para todos, porque faltaba por descubrir y colonizar mucho más de lo conocido, pues en los mapas todavía existían inmensos espacios vacíos.

Pero no todos estaban invitados. Ahora los franceses, holandeses e ingleses también querían concurrir y enviaban expediciones para arrebatarles a los españoles los territorios ganados. Los nombres de John Hawkins, Martín Cote, Jean de Beautemps y Roberto Baal ya eran parte de la historia. En cualquier ensenada de aquellas costas inmensas o en medio del océano, las naves españolas se encontraban de repente frente a los corsarios y los combates eran feroces. Esto no amilanaba a Juan de Urbina. El mundo, la riqueza y el poder eran de los valientes y los afortunados. Él se creía afortunado. Ahora iba a demostrarse a sí mismo que también era valiente. Además, ¿qué importancia tenía la vida terrena ante la gloria de la eterna?

Irse a la mar océano, combatir a los corsarios, explorar lejanías, llevar como estandarte los nombres de España y de Cristo eran los designios de su raza, y él no iba a quedarse por debajo de las más altas expectativas.

Por esos días comenzó a circular un nuevo nombre: Francis Drake, quien comandaba toda una flota de guerra enviada por el rey de Inglaterra para apoderarse de los puertos y las rutas del Atlántico y del Caribe. Por eso, cuando los pregoneros de Felipe II trajeron la noticia de que se preparaba una armada al mando del general Álvaro de Flores para combatirla, Juan de Urbina comprendió que Drake marcaba la oportunidad de su vida: decidió enrolarse como soldado. Habló con Corquera y Abacía y recibió sus voces de aliento. Habló con compañeros y amigos y todos lo apoyaron. Pero necesitaba licencia de su padre, porque se suponía que aún era menor de edad. Entonces viajó de urgencia a Andagoya. El padre lo abrazó y le firmó el documento; y partió con lágrimas en los ojos. Fue la última vez que vio a su familia.

Imbuido por sentimientos colectivos de patriotismo y aventura, y ya en posesión del documento paterno, Juan de Urbina se presentó en las oficinas de reclutamiento y lo asignaron a la compañía del capitán Juan de Salas de

Valdés. Poco después, cuando ya despuntaba la primavera, pasó al puerto vecino de Sanlúcar de Barrameda donde la congestión era inmensa. Había veinte o treinta navíos prontos a partir y miles de marineros, soldados y comerciantes agolpados en los muelles. Estaban también los galeotes venidos de todos los pueblos de la Península. Llegaban custodiados por la Santa Hermandad en grupos de diez o doce malandrines, ensartados como cuentas en una gran cadena de hierro —que llamaban "colleras"— y con esposas en las manos. Eran ladrones, pícaros, asesinos, hechiceros, alcahuetes condenados a galeras en las naves del Rey. Juan de Urbina no alcanzó a conocer el puerto ni la ciudad que se extendía a su lado: sin ninguna demora abordaron el galeón Nuestra Señora del Barrio, de cerca de trescientas toneladas de desplazamiento, al mando de Pedro de Tapia, y partieron hacia la inmensidad del mar.

Juan de Urbina sirvió en la armada de Álvaro de Flores por más de un año. Allí aprendió el uso del mosquete, a distinguir y manejar culebrinas, falconetas, lombardas; se familiarizó con los tipos de naves —naos, galeones, galeras, zabras, pataches, urcas, carracas, filibotes— y con todo lo que tenía que ver con el combate en mar abierto y la navegación. Supo que el desplazamiento de las naves se calculaba por el número de toneles de vino que cabían en sus bodegas y que cada tonelada equivalía a un tonel macho castellano, ya que el de Vizcaya era más grande. Las jornadas de navegación, aunque eran largas y tediosas, se sucedían sin mayores contratiempos. Diariamente se llevaban a cabo ejercicios de milicia y marinería en cubierta, a los que él se acostumbraba sin esfuerzo. Sus músculos eran fuertes, se movía con agilidad, podía permanecer horas y horas en guardia sin ningún desmayo, su mirada era aguda y oteaba en el confín con la mayor certeza; su natural era alegre y amistoso y, por lo que tanto, los compañeros y jefes lo querían y apreciaban. Lo que más le impresionaba era el triste destino de los galeotes, que remaban horas y horas bajo el látigo de los guardianes, y que con frecuencia morían aherrojados al remo, caso en el cual eran arrojados al mar sin mayores ceremonias.

Al adentrarse en el mar Caribe, el agua se veía sucia de sargazos, los días y las noches parecían más claros y la riqueza y variedad de peces que venían a estrellarse contra los cascos admiraban a aquellos marineros y soldados que hacían la travesía por primera vez. Juan de Urbina nunca había visto un cielo más transparente y sintió que entraba de lleno en el reino del sol. Tuvo suerte porque fue de las pocas navegaciones de aquella época sin incidentes qué lamentar. En ningún momento se vio en peligro de combate. Cuando avistaron naves enemigas, las alarmas sonaban por poco tiempo porque, al ver el poderío del rey de España, huían con las velas extendidas. Y cuando algún viento fuerte dejó las naves en mal estado, él y sus compañeros pronto superaron los percances.

Cartagena de Indias, que tanto mencionaban en las crónicas, le pareció un poblado incipiente de no más de cinco mil habitantes, que se extendía frente a la playa y que estaba rodeado por empalizadas de madera, tan endebles, que era necesario rehacerlas cada año después de la temporada de lluvias. Los templos de piedra, algunos en construcción, sobresalían sobre las demás edificaciones, que en su mayoría eran de madera y paja. Pero esa apariencia de poblacho olvidado en la inmensidad del territorio no era obstáculo para que algunos pensaran que allí iba a surgir la más maravillosa metrópoli: lo conveniente de la bahía, la cercanía con las bocas del río de la Magdalena y las riquezas sin límite de aquella parte del continente eran prenda de garantía.

El acontecimiento más importante era la llegada de la armada. Las gentes venían de las poblaciones vecinas. Las mujeres se engalanaban para asistir a las ceremonias religiosas y acudían a las plazas para recibir las noticias de la madre patria. Los recién llegados de ultramar también se agolpaban en las iglesias para encender cirios y pagar promesas, porque habían llegado sanos y salvos, porque la travesía había estado libre de naufragios, muertes repentinas y asaltos de los herejes ingleses y holandeses. Se organizaban saraos, juegos públicos, corridas de toros; el vino español y la chicha local fluían en las tabernas. Las faenas del desembarco duraban semanas y en ellas intervenían las embarcaciones disponibles. Siempre había una pequeña multitud en la playa comentando los incidentes y apreciando la gallardía, fortaleza y belleza de las naves de guerra. Luego venía para la tropa y la marinería un período de descanso que podía durar meses. Esperaban viajeros y mercancías del interior, se reparaban las naves averiadas y poco a poco se preparaba el embarque para el regreso.

En aquella oportunidad, sin embargo, tuvo lugar un incidente que le demostró a Juan de Urbina lo efímera que podía ser la paz y la tranquilidad en esas tierras. El gobernador Bahamond de Lugo recibió noticia de que un grupo de piratas se encontraba a la desembocadura del Magdalena y que existía la posibilidad de que se aventuraran hasta la ciudad. ¿Conocían los corsarios la presencia de la armada en la bahía? Era posible que no, y el gobernador decidió tenderles una trampa. Ordenó que la armada se ubicara en una rada de la vecindad, en el Caño del Loro, y que las playas y demás lugares visibles desde el mar permanecieran solitarios y sin soldados a la vista. En efecto, unos días después, al alba, dos naves enemigas entraron silenciosas. Todo el espacio se veía abandonado. Llegaron hasta la ciudad que también parecía desierta y comenzaron el desembarco. Cuando los corsarios tenían parte de sus efectivos en tierra, aparecieron tres buques de la armada española y los comandantes ordenaron disparar la artillería que tenían oculta entre el follaje. Las fuerzas del enemigo quedaron divididas. Los que habían desembarcado eran insuficientes para el asalto y los que aún estaban en las naves eran también insuficientes para maniobrarlas en una batalla naval. A toda prisa trataron de reembarcar bajo el fuego cruzado. Perdieron más de cincuenta hombres y una de las naves, que pasó a ser parte de las defensas de la ciudad, y así quedó reestablecido el orden.

Juan de Urbina se mezclaba con la multitud, asistía a las ceremonias religiosas, visitaba las tabernas y hacía amigos entre los lugareños. Conoció a varias familias, y, cuando sus jefes se lo permitían, se hospedaba en tierra firme, en casa de una de ellas. Allí también se hospedaba Jerónimo de Retes Salazar, un joven vizcaíno que trabajaba en la contaduría del puerto desde el año anterior, y se hicieron amigos. Antoñico, un esclavo de aquella familia, les servía de guía y compañero. Era buen boga; maniobraba una canoa y con él salían de pesca antes del amanecer, o se iban de excursión por playas de cocoteros y manglares y por islas de coral rodeadas de aguas cristalinas, ricas en perlas según se decía, y donde admiraban infinidad de peces de nombres desconocidos.

Otras veces se internaban a caballo por los campos y las estancias de los colonos, porque tanto Jerónimo de Retes como Juan de Urbina no se cansaban de indagar por las plantas, las frutas exóticas y exquisitas, los animales, el clima, los caminos y demás particularidades de la tierra. En aquellas estancias prosperaba la cría de ganado caballar y vacuno y de ellas partían recuas y rebaños hacia el interior. Se interesaban también por las historias que contaban los viajeros. El país gozaba de prosperidad. Eran muchas las fundaciones de ciudades y pueblos; se construían caminos; abundaban las minas de oro. Andrés Díaz Venero de Leyva había dejado fama de buen gobernante. Fue presidente de la Real Audiencia en Santa Fe de Bogotá, una ciudad localizada en lo alto de una meseta a muchos días de viaje. Estaba rodeada de pacíficos pueblos indígenas y allí los españoles se enriquecían con las encomiendas, las minas y el comercio. Tales historias animaban los sueños de Jerónimo de Retes, quien deseaba ardientemente viajar a Santa Fe con un cargo similar al que desempeñaba en Cartagena de Indias.

A mediados de agosto partió la armada y con ella Juan de Urbina. Pasaron a Portobelo, donde apenas tardaron unos días, y siguieron para La Habana.

La armada de Álvaro de Flores fue una de las muchas que envió el rey para enfrentar las naves inglesas y francesas. Tenían por objeto escoltar las flotas de comercio. Había dos flotas. Una, denominada "Nueva España", cubría la ruta entre Veracruz y Sevilla. La otra, llamada de "los Galeones de Tierra Firme", entre Cartagena, Portobello y Sevilla. Por lo general se encontraban por el mes de septiembre en La Habana y regresaban juntas y escoltadas a España, para atracar en los puertos que servían a Sevilla: Sanlúcar de Barrameda y Cádiz. Juan de Urbina desembarcó en Cádiz. De inmediato se presentó ante Corquera y Abacía, quienes lo acogieron y le escucharon sus historias. La ausencia había durado tan solo un año, pero ahora el joven se veía curtido por los vientos del océano y los rayos del sol —que caían verticales en aquellas tierras— y había adoptado un semblante adulto, una mirada penetrante, una seguridad antes desconocida en él. Ya no era un simple ayudante; lo trataron como a un colega y quisieron retenerlo en el negocio. Juan de Urbina trabajó con ellos por unos meses, pero sentía desazón, cierto llamado de ultramar que no lo dejaba concentrar en las labores. Sin duda, su destino estaba en el Nuevo Mundo. Soñaba con regresar a Cartagena de Indias para abrir una bodega similar a las de Corquera y Abacía. Inclusive, podría mantener con ellos relaciones de comercio de mutuo beneficio. Por eso se decidió a informarles de sus planes y durante semanas pasaron las veladas hablando con alegría y optimismo de aquel proyecto.

Pero, ¿cómo lograr un cupo de pasajero a Cartagena?

Sabían que la Casa de la Contratación era el obstáculo mayor. Si no presentaba cartas de algún funcionario importante de la Corte, no tendría posibilidad de partir de manera regular. Los pocos que lograban permisos de embarque debían viajar con sus esposas legítimas (y él era soltero). Existían registros minuciosos de las personas que se embarcaban y órdenes perentorias para las autoridades de los puertos españoles, quienes debían registrar las naves a su llegada para ver si el desembarco correspondía a los registros. Empero, en la ciudad circulaban rumores de tratos oscuros. Ciertos pilotos y contramaestres, en alianza con funcionarios corruptos, embarcaban viajeros y mercancías sin registro. Aunque los castigos eran severos cuando quedaban al descubierto, sobrecargaban las naves poniéndolas a riesgo. El sobrecargo se agravaba por la práctica de los marineros de llevar mercancías escondidas —armas, ropas, calzado, espejos, medallas, libros, estampas— con el objeto de venderlas en los puertos de ultramar. Así, algunas naves comerciales quedaban tan pesadas que su maniobra se hacía en extremo difícil. Eran las llamadas "naos zorreras". Si además de pesadas quedaban mal lastradas —lo que sucedía con frecuencia— caían con la mayor facilidad en manos de los bucaneros, o naufragaban al primer temporal. Los armadores y propietarios también abusaban dando a la mar naves viejas, de maderas podridas, que hacían agua como harneros, cuyas mercancías aseguraban entre los comerciantes y personas adineradas del puerto por el doble de su valor real. Por eso era frecuente que al paso de una tormenta faltaran cuatro o cinco navíos de la flota, de cuyos ocupantes y mercancía no se volvía a saber nada. (El control en las naves militares era, por el contrario, mucho más estricto, y no abusaban del peso, para mantenerlas ágiles y en buenas condiciones de combate). Juan de Urbina estaba enterado de tales minucias —en razón de su trabajo en las bodegas de acopio— y, por lo tanto, desechó toda tentación de embarcarse de pasajero sin las debidas formalidades.

Otra opción era alistarse como soldado en la próxima armada —como ya lo había hecho— y solicitar la baja en el momento oportuno. No era imposible que se la otorgaran. Supo de casos de colegas que fueron dados de baja sin mayores dificultades por deficiencias en el servicio, por solicitud de algún funcionario civil o eclesiástico o por enfermedad. Los jefes militares se oponían cuando no había quien los reemplazara. Pero en los puertos siempre había españoles que querían regresar a la madre patria, y la forma más barata de hacerlo era dándose de alta en el servicio.

Cuando se hicieron las convocatorias en el siguiente mes de enero para la armada que iba a ser dirigida por el general Diego de Rivera, Juan de Urbina se presentó y fue aceptado. Lo asignaron a la compañía del maestre Gaspar de Malla en el galeón Santo Tomé y partió de Cádiz. De nuevo le sonrió la suerte. De nuevo le parecieron largas las jornadas de navegación, tediosos los ejercicios en cubierta, pero había sido ascendido a cabo, comandaba una partida de muchachos más jóvenes que él, y gozaba de la confianza de sus superiores. Su mayor disfrute eran las horas de guardia en la noche, cuando observaba embelezado las estrellas en aquel firmamento transparente y se familiarizaba con las formas de las constelaciones y el curso de sus trayectorias. Entonces se preguntaba por su destino.

Así llegó por segunda vez a Cartagena. Desembarcaron y la armada entró en receso. Encontró novedades. Jerónimo de Retes había partido para Santa Fe con permiso de don Francisco de Briceño, el presidente de la Real Audiencia. Juan de Urbina se puso de inmediato en la tarea de encontrar argumentos que le permitieran abandonar el servicio militar para iniciar sus actividades de comerciante. Si quería permanecer en Cartagena, tenía que lograr la baja de manera honrosa, porque en esa ciudad siempre iba a estar visible ante las autoridades. Algunos escapaban a Tierra Adentro, se perdían en la inmensidad del Reino de la Nueva Granada —como ya se denominaban aquellos territorios— y podían transcurrir años sin que se supiera de ellos; pero en caso de que fueran reconocidos, eran deshonrados y castigados como desertores. Por eso, esta sería la última y la más desesperada alternativa para quedarse en el Nuevo Mundo.

Mientras resolvía su dilema, aprovechaba los días libres recorriendo playas y praderas en compañía de Antoñico, como lo había hecho en la visita anterior. Ya se tenían confianza, y, en algún momento Juan de Urbina le manifestó a su amigo negro el deseo de quedarse en Cartagena a la partida de la armada. Examinaron las alternativas; cuando Juan de Urbina dijo que una de ellas era por enfermedad, Antoñico le dio a entender que no había nada más fácil. Él conocía a una mujer que sin duda le daría el remedio. Lo estuvo pensando porque le repugnaba fingir y mentir, pero con el correr de los días llegó a la conclusión de que si no lo hacía, nunca iba a realizar sus sueños. Fue así como cayó gravemente enfermo cuando la flota se aprestaba para partir. El vómito y la diarrea fueron tenaces. Los médicos de la armada temieron un contagio de peste y recomendaron dejarlo en tierra, bajo la observación de otro médico del puerto. El milagro lo hizo la mezcla asquerosa de frutas, yerbas y aguas de caño que le dio a beber la esclava amiga de Antoñico.

Juan de Urbina vio partir la flota desde la hamaca de enfermo. Sintió que su estómago mejoraba cuando el último navío se perdió en el horizonte por las islas del Rosario. Sintió también tristeza, miedo, un vacío inmenso, un desasosiego interior. Por fin era dueño de su destino; pero estaba solo en el mundo y el ancho territorio de las Indias se abría a sus pies como un abismo. Tenía un pequeño capital, producto de sus ahorros como ayudante de Corquera y Abacía y de las pagas de su servicio en la armada. Aunque no era mucho, si lo cuidaba iba a servirle para establecerse como comerciante en Cartagena.

Hizo los primeros contactos y cuanto más pisaba el terreno menos le gustaba su proyecto. Cuando partió la armada quedaron solitarias las iglesias, las plazas, las playas. ¿Dónde estaba el mujerío que pocos días antes invadía las calles? ¿Por qué las tabernas se habían silenciado y ya no corría el vino a raudales? Los vecinos se recluyeron en sus casas, muchos marcharon al campo y a los pueblos vecinos. Ahora la ciudad se veía desolada, endeble, desguarnecida. Hasta los escribanos dormitaban a la entrada de sus tenderetes en espera de clientes —encomenderos y propietarios de Tolú y otros pueblos que no tenían letras— para redactar alguna carta de amor o de negocios, pero podían pasar semanas sin que esto sucediera. Se dio cuenta que los cartageneros vivían en la zozobra: ida la armada, los piratas podían caer en cualquier momento. Recordó los incidentes del año anterior, cuando dos embarcaciones viejas y mal equipadas atacaron la ciudad: el daño habría sido enorme si no fuera por la sagacidad del gobernador Bahamond de Lugo y la presencia de la armada. Además, las gentes hablaban de otro ataque ocurrido años antes, cuando la ciudad fue robada de la manera más fácil por Jean Francois de la Roque, un noble francés —compañero de Cartier en las costas del Canada— que se había aventurado sin mayores recursos de naves, hombres y armamento. Con Drake, cuya sombra rondaba de continuo, la cosa iba a ser mucho peor.

Cualquiera podía ver desde el Cerro de La Popa lo endeble que era la ciudad; cualquiera podía descubrir vías de acceso a través de canales, escolleras, ensenadas, que se extendían a lado y lado de la bahía. Cualquier partida de asalto, por incipiente que fuera, tenía todas las posibilidades de llevar a cabo sus propósitos siniestros. Mucho más si se trataba de una armada organizada por el rey de Inglaterra. Estaban en juego el honor de las familias, las vidas de padres y hermanos, las haciendas construidas con tanto esfuerzo y la posesión misma del territorio. ¿Qué seguridad tenía una bodega de mercancías? Iba a ser el primer blanco de los ataques.

Se hablaba de varios tipos de defensas. Las más necesarias eran baluartes y murallas de piedra, para reemplazar esas endebles y ridículas empalizadas de madera. Se requería, además, un fuerte en San Matías, en la punta de Icacos, para defender el paso por el canal de Bocagrande. Autoridades, marinos y militares, vecinos y viajeros enviaban a Madrid todo tipo de "súplicas" al Rey, pero pasaban los años y la corona no asignaba los dineros. Eran obras de gran envergadura cuya construcción iba a demorar décadas. Y mientras se construían las obras, se requería un destacamento numeroso de militares bien entrenados y bien armados de naves, cañones y arcabuces. Pero la guardia militar era escasa y carecía de armamento, en razón a que tampoco se asignaban los dineros. Por eso, todos los varones de la ciudad y los alrededores, cualquiera fuera su edad y profesión, debían tomar las armas en caso de emergencia, y estar dispuestos a sacrificar sus vidas y sus bienes en defensa de la ciudad.

Por esos días se supo que dos corsarios, uno inglés y otro francés, actuando de consuno, robaban los bajeles y asaltaban las costas. En el Cabo de la Vela hicieron presa de un patache que ostentaba el nombre de "Sevillano", de propiedad de Cristóbal de Cambero, vecino de Cartagena, que se dirigía con pasajeros y mercancías a la localidad de Coro. En la costa de Riohacha asaltaron las fragatas que hacían el recorrido ordinario por aquellos puertos. Las perseguían, cañoneándolas, hasta la entrada del puerto, cuidando que la artillería de tierra no las alcanzara. Hicieron lo mismo con los barcos que encontraron a la entrada de la bahía de Santa Marta. En la boca del Magdalena dieron alcance a otro navío de buen porte, "Marquesa", armado con catorce piezas de artillería y cantidad de bastimentos, municiones y pertrechos, y lo persiguieron hasta Zamba, distante nueve leguas de Cartagena, obligándolo a varar en tierra. El capitán salvó la tripulación, los pasajeros y parte de la hacienda, pero los corsarios se apoderaron del bajel, que pusieron a su servicio. Fortalecidos de esta manera, regresaron a la boca del Magdalena y capturaron otra fragata que trasportaba mil fanegadas de maíz y seis mil pesos en oro y plata. Estos hechos tenían amedrentados a los mercaderes y navegantes. El comercio disminuyó y muchos contratos no fueron cumplidos, con grave perjuicio para la actividad de los puertos de la región, y, en especial, para Cartagena. El gobernador Bahamond de Lugo, quien además ostentaba el cargo de capitán general, decidió diligenciar una partida de "carabelones" para conjurar el peligro. Convocó a "juntas" a los oficiales reales, al contador y a otros funcionarios de su Majestad y propuso armar los cuatro navíos disponibles para salir en busca de los corsarios. El contador advirtió que en las cajas no había dinero para este fin. El gobernador respondió que "tenía potestad para mover las armas y que, aunque las guerras se sustentaban a costa de mucho acopio de dineros, él se sentía autorizado para tomar las acciones necesarias". Nombró como capitán general a Martín Vásquez de Montiel, quien comandaría el San Miguel; esta sería la nave capitana. Nombró capitanes para el San Bernabé —que sería la almiranta— y para el Cisne. Para cada una asignó entre treinta y cuarenta hombres —la mayoría sacados del presidio— para que sirvieran de artilleros, marineros y grumetes; y un número de piezas de artillería de las treinta con que contaban. La cuarta nave, que era de menor capacidad y ostentaba el nombre de Nuestra Señora de la Gracia, quedó al mando del teniente Blas de Ulloa y, como segundo, el cabo Juan de Urbina, y se le asignó diez mosqueteros de presidio y otro personal. Embarcaron agua, bastimentos y cantidad de pólvora y municiones. Juan de Urbina fue el más sorprendido. Había sido dado de baja, acariciaba sueños de comerciante, y, de repente, las autoridades lo reincorporaban al servicio para que comandara un puñado de prisioneros. Una cosa era ser miembro de la armada española, compuesta por treinta o cuarenta navíos y miles de hombres, cuyo poderío daba seguridad y era motivo de orgullo. Otra muy distinta ser parte de un destacamento mal equipado y en compañía de combatientes improvisados. ¿Dónde quedaba la suerte que lo había protegido hasta entonces? Pero debía fidelidad al Rey y obediencia a sus funcionarios y, adoptando su mejor ánimo, se aprestó a desempeñar estas nuevas responsabilidades.

Zarparon y recorrieron la costa de Zamba hasta la desembocadura del Magdalena. Pasaron a Guaira, donde tuvieron noticias de que el enemigo estaba en el Cabo de la

Vela, pero al llegar allí no lo encontraron. En Riohacha embarcaron nuevos bastimentos. Las noticias daban cuenta ahora de que estaba en Santo Domingo y hacia allí se dirigieron. Tampoco lo encontraron y pasaron a Cuba. En cada puerto renovaban alimentos y provisión de agua. Cruzaron frente a Varadero y Guantánamo y, un atardecer, ya cerca de Santo Domingo, avistaron una embarcación ancha en el centro que parecía una urca o "urqueta", de bandera flamenca, a la que le calcularon cien toneladas de desplazamiento. Al alba siguiente la encontraron frente al Caimito, distante una legua de Santo Domingo. En ese paraje, los islotes forman una especie de puerto, donde estaban congregados los enemigos. Tenían barracas en tierra y otras fortificaciones como tonelerías y herrerías en funcionamiento.

La urqueta llamada Ursino Negro exhibía la bandera de capitana y entró haciendo salva. Estaba dotada de cuatro piezas de artillería por banda y cuatro pedreros. Cerca de la playa estaban la Marquesa y el Sevillano, las naves que los corsarios habían capturado a los españoles. Estaba, además, una fragata de menor tamaño. Las naves españolas ingresaron al puerto y el capellán bendijo a la tripulación desde lo alto de la proa de la capitana. Los combatientes, de rodillas en las cubiertas de las naves, invocaron al apóstol Santiago y rezaron a sus santos de devoción. Mientras tanto, los corsarios de tierra se embarcaban apresurados. Como plataforma destinaron a la Marquesa, que era la que estaba más cerca de tierra. La nave San Miguel envistió al Ursino Negro y lo sujetó con cables. San Bernabé abordó la Marquesa. El Cisne al Sevillano. Nuestra Señora de la Gracia a la fragata. Los combatientes se lanzaron por las cubiertas. La confusión fue total: llovían balas, bombas, "alcancías de fuego". El humo denso de la pólvora envolvió las naves. El estruendo de la artillería, de los roqueros, pedreros, mosquetes no permitía escuchar las voces de mando. Solo se discernían llamas y truenos. Cada uno no miraba más que a defender su puesto y a ofender a sus contrarios. Blas de Ulloa y Juan de Urbina encontraron pocos combatientes en la fragata. Eran ingleses y luego se supo que el grueso de la tropa no entró en combate porque no tuvo tiempo de embarcarse. Estaban comandados por un inglés de cincuenta años, que saltó temerariamente a la cubierta española donde fue recibido por Juan de Urbina y dos de sus hombres y en pocos minutos lo dejaron tendido en cubierta, herido de muerte. Los presidarios actuaron de la manera más valerosa; no solo defendieron a sus jefes sino que remataron a los ingleses, ya desmoralizados al ver caer a su capitán. Pronto se vio que el triunfo también favorecía a los españoles en las demás naves. Los cadáveres de los enemigos estaban regados en las cubiertas, muchos habían caído al mar. El Ursino Negro, que estaba sin timón por haber sido destruido por la artillería española, sin velas y con las jarcias en pedazos, picó los cables y se dejó ir a la ventura sobre los bajos. Tuvo la suerte de pasar por ellos llevado por las corrientes, y se alejó a la deriva. Ninguna de las naves españolas estaba en condiciones de perseguirlo. Había terminado la batalla. Los españoles entraron a las demás naves con el objeto de apagar los fuegos y tratar de salvarlas. Había barriles de pólvora con cabos encendidos, con los cuales los corsarios pretendían volar las naves como último acto desesperado. Los artilleros españoles lograron desactivarlos, sufriendo horribles quemaduras en las manos. Las aguas del mar estaban rojas de sangre.

Los españoles tomaron prisioneros a los sobrevivientes —cincuenta mosqueteros blancos y seis marineros negros—. A los moribundos los dejaron tendidos en la playa. Liberaron algunos españoles que los corsarios tenían prisioneros. Capturaron vivo al capitán francés, Monsieur de Namburg, de cuarenta y cinco años de edad, quien dijo ser católico. Contaron sesenta y cinco cadáveres de enemigos, incluidos los del capitán inglés, dos tenientes, varios maestres y otros oficiales. De parte de los españoles murieron siete valientes que no dudaron en entregar su vida por la patria. Muchos otros estaban heridos, pero la alegría de la victoria mitigaba su dolor. Juan de Urbina recibió un perdigón en el hombro izquierdo, pero se mantenía en pie y participaba de la alegría. Todos los españoles estaban de acuerdo en que su inferioridad era patente al comenzar el combate y que la victoria había sido cuestión de milagro. En medio del fragor, muchos vieron pintada la imagen de nuestra Señora del Rosario en la bandera de la capitana española. Juan de Urbina no la vio, pero no dudó de lo que vieron sus compañeros.

Los carabelones y las naves apresadas estuvieron surtos varios días en el Caimito. Los españoles los reparaban y los heridos se recuperaban. Luego iniciaron el regreso. Hicieron salva cuando avistaron las playas de Cartagena. Traían las banderas vencidas en la proa de la capitana y fueron recibidos también con salvas desde la costa. Al día siguiente el gobernador, el contador y demás autoridades ingresaron a las naves e inventariaron el botín: cuatro banderas, ochocientos quintales de palo de Brasil, treinta de Campeche, cueros de toro, treinta anclas, un número de velas y jarcias, cuarenta piezas de artillería, mosquetes, municiones, pólvora, balas, cuerdas, bizcocho, barriles de aguardiente y otras cosas de valor. Luego desembarcaron todos, aunque algunos oficiales todavía estaban heridos. Sacaron a los prisioneros y los hicieron desfilar. Fueron a la Iglesia Mayor donde el obispo los recibió en medio de un replique de campanas. El gobernador dio su discurso: "que los españoles valerosos no sentían las heridas. Y que, si las sintieran, no les importaba, porque deseaban más la muerte que perder un punto de su honra. Al pretender morir con honra, se les facilitaba la victoria". Luego dieron gracias a Dios Nuestro Señor.

Juan de Urbina se sintió satisfecho por la labor cumplida. Ahora tenía el reconocimiento de las autoridades locales, quienes, antes de concederle la baja honrosa del servicio, lo ascendieron a sargento en un acto solemne, que tuvo lugar en la Plaza de Armas, ante la población congregada. En estas condiciones podía seguir pensando en su futuro. Pero su proyecto de abrir una bodega en Cartagena de Indias ya no tenía atractivo. No podía estar sometido al va-y-ven de las incursiones de corsarios en aquella zona, no podía estar participando como soldado en cada ocasión. Tenía que pensar en otras actividades: buscar en las praderas dónde abrir potreros y sembrados; desempeñar algún cargo público, ojala en la Tierra Adentro, para lo cual tendría que intrigar en Madrid, Sevilla o Santa Fe de Bogotá; unirse a alguna expedición en busca de minas o guacas de oro; o, quizás, utilizar su capital para organizar su propia expedición...

Juan de Urbina pasó, pues, un buen tiempo considerando sus opciones, hasta que decidió partir para Santa Fe de Bogotá, capital del Nuevo Reino de Granada. Fue una decisión difícil porque el cálculo más ajustado le indicaba que tendría que invertir por lo menos mil trescientos castellanos para cubrir los gastos del desplazamiento, lo cual representaba una merma cuantiosa de sus ahorros. Pero las noticias eran alentadoras: allí funcionaba la Real Audiencia y allí estaba concentrado el poder. Gobernaba un nuevo presidente, don Francisco de Sande, oriundo de Cáceres de Extremadura, caballero de la Orden de Santiago, quien se había posesionado en Santa Fe precedido de una merecida fama por la labor que desempeñó como Presidente de la

Audiencia de Guatemala. Por la gracia de Dios y con un poco de suerte —Juan de Urbina ya no dudaba de ella— las cosas irían a funcionar de la mejor manera. Además, ahora contaba con las buenas recomendaciones del gobernador y capitán general Bahamón de Lugo, del capitán Martín Vásquez de Montiel y del teniente Blas de Ulloa, que sin duda le abrirían las puertas que necesitaba.

El viaje se hacía en jornadas de seis u ocho horas por el río Magdalena en canoas largas labradas en un solo tronco, que iban arrimadas a la orilla para evitar que la corriente más intensa les llegara de proa. Buscaban las partes bajas, de tal manera que los bogas indios y negros que las conducían pudieran asentar sus enormes pértigas en el lecho. Éstos iban desnudos; empujaban la embarcación bajo las órdenes —y el látigo— de un capataz. Entonces cantaban sus tristes tonadas: velos sonoros y contagiosos; hondos lamentos perdidos en la selva. Era un canto indeliberado y flotante, un mensaje sin significado y sin destinatario, pronunciado en idiomas desconocidos para Juan de Urbina, pero que sin embargo escuchó cada jornada con más y más atención, y que luego no pudo olvidar por el resto de su vida. Cada canoa conducía unos cuantos pasajeros y fardos. Al final de la jornada arrimaban a las rancherías o bohíos entre la jungla de la orilla y allí pernoctaban. Como las jornadas eran largas y agotadoras, calcinante el sol sobre la piel desnuda, poca la comida y asiduo el castigo del látigo, a veces los bogas quedaban postrados y era necesario buscar una pareja fresca en el embarcadero más cercano. Cada grupo de capataz y bogas acompañaba a los viajeros por varios días y regresaba a su lugar de origen. Un nuevo capataz se hacía cargo de la próxima etapa. Este sistema garantizaba que quienes manejaban las embarcaciones estuviesen familiarizados con las particularidades de cada tramo. A veces se cruzaban con otro tipo de embarcaciones: balsas de cañas o troncos amarrados que usaban los viajeros en la ruta hacia el mar, y que pasaban veloces aprovechando la corriente. Así habían viajado los descubridores y conquistadores; así viajaban ahora los colonos, comerciantes, clérigos y funcionarios de la Corona y año a año se veía aumentar el tráfico.

En las embarcaciones y durante las noches en los bohíos, los viajeros se sentían perdidos en lo profundo de la selva. Era una selva cerrada y rumorosa; allí florecían los bejucos, los árboles formaban bóvedas de penumbra y los papagayos, los monos y las guacharacas respondían los cantos de los bogas. De tarde en tarde aparecían arenales silenciosos y calcinados, formados por el río en su curso caprichoso. Otras veces, al sobrepasar cualquiera de las innumerables curvas, de repente se encontraban en medio de una inmensa extensión lacustre —un lago, laguna o mar interior—; una masa de agua que parecía detenida y que los bogas tardaban horas en atravesar hasta el sitio por donde ingresaba la corriente. En los amaneceres, la luz tomaba un tinte especial y el aire se respiraba fresco. Era el momento en el cual los viajeros que venían desde el Viejo Mundo en busca de las tierras maravillosas de que hablaban las leyendas, sentían que, en efecto, estaban próximos a encontrar las grandes revelaciones. Luego se despejaban las brumas, el cielo se veía cruzado por bandadas de aves de distintas formas y colores que auguraban buena suerte, y en las florestas se veían y se escuchaban las guacamayas y los monos. Pero al avanzar el día aumentaba el resplandor del sol y el calor llegaba a ser insoportable. Entonces decaía el ánimo. Lo más incómodo era la multitud de tábanos, avispas y mosquitos cuyas especies no se conocían, una plaga inquieta que atacaba con más fuerza al atardecer y que, sumada al hambre y al cansancio, al sudor, al calor y a los rayos hirientes del sol, dejaba a los pobres viajeros como nazarenos. Las aguas malsanas les producían diarrea y vómito. Algunos deliraban y morían consumidos por la fiebre. Así, cuando llegaba la noche con sus sombras y sus ruidos extraños, el viajero sentía que el paraíso que presintiera en la mañana se había tornado en un infierno. También abundaban las serpientes, los tigrillos, los cocodrilos. Estos eran los peores, y sobre ellos circulaban horrendas historias de viajeros devorados. Eran verdaderos dragones que se desplazaban silenciosos sobre las aguas como troncos flotantes, pero con una velocidad y una agilidad asombrosas. En el momento menos pensado los tenían al borde de la embarcación y los bogas se veían en aprietos para alejarlos. En una ocasión, Juan de Urbina vio a uno de estos monstruos abrir sus fauces enormes y tragarse un mico que se había aventurado demasiado por una rama de la orilla. Luego, la cola del saurio chapoteó sobre la superficie del agua, como celebrando la hazaña.

Al llegar a Mompox encontraron una ciudad en plena formación. Allí los esperaba un grupo de vecinos curiosos por conocer a los viajeros y por recibir las noticias de Cartagena de Indias y de la Península. Luego, los viajeros pudieron descansar a sus anchas, asistir a los oficios religiosos, hacerse tratar las fiebres. Por los campos había haciendas de ganado. Rivalizaba con Cartagena en tamaño e importancia y tenía la ventaja de estar lejos del mar, lejos de los bucaneros. Estaba fresca en la ciudad y en los territorios aledaños la memoria de Luis Beltrán, un fraile dominico oriundo de Valencia que trabajó como misionero entre los indígenas, y luego fue trasladado como prior del convento de Santo Domingo en Santa Fe de Bogotá. Había denunciado la crueldad, avaricia y abusos de los encomenderos y conquistadores, quienes en varias oportunidades atentaron contra su vida, por lo cual solicitó, unos años después, su traslado a España. Juan de Urbina se interesaba por estas noticias, ya que con ellas iba comprendiendo el tamaño de la hazaña en que se había metido: se trataba de una tierra de sorpresas, salvaje e indomada, rica y miserable, donde los hombres civilizados perdían su indumentaria y en muchos casos se convertían en fieras peores que las que habitaban en los bosques.

El viaje continuó y pasaron por Tamalameque, Barrancabermeja y El Desembarcadero. En Barrancabermeja era fama que existían pozos de betún hirviente, que cuando fueron encontrados por los primeros españoles los reputaron como cosa del demonio. Luego, otros viajeros entendieron su utilidad para untar los cascos de las embarcaciones y evitar las filtraciones; cuando Juan de Urbina pasó por aquellos lugares, ya existía un comercio creciente de esa sustancia. Los viajeros que seguían para Vélez dejaban el río en El Desembarcadero, un inhóspito barranco con algunos bohíos de indios. Cruzaban los valles y selvas de la orilla oriental del río y luego ascendían a lo alto de la cordillera. Eran treinta leguas de sierras asperísimas y despobladas por donde no se podía transitar a caballo. En los ascensos más difíciles, los indios cargaban a los viajeros en pequeñas silletas aseguradas con correas a sus espaldas, y así iban balanceándose por senderos de montaña, al borde de hórridos precipicios. Las mercancías también se transportaban a hombro de indios. Eran cargas de hasta tres y más arrobas. Algunas disposiciones prohibían que los indios fuesen con más de dos arrobas, porque con frecuencia perecían bajo tales pesos, o rodaban por los precipicios, e inclusive alguna autoridad multaba con diez pesos cuando encontraba un indio con carga excesiva, pero era una disposición inocua porque no había quien la controlara y porque, si no fuese por los indios cargueros, el comercio y el tráfico quedarían detenidos.

Ya en Vélez, el viajero podía dirigirse por mesetas y montañas hacia el norte, siguiendo también antiguos caminos indígenas, hasta Pamplona y Barquisimeto. Y, si se tomaba la ruta hacia el sur, hasta Santiago de Tunja y Santa Fe de Bogotá. Pero Juan de Urbina quería dirigirse a Santa Fe de Bogotá por el camino más expedito, y el consejo que recibió fue el de seguir remontando el río hasta Honda.

Por esta vía encontró, más adelante, la población de Palagua, en tierras del cacique Nare, cuyos súbditos habían sido catequizados por Luis Beltrán. Allí notó cómo el río se angostaba y las cordilleras a lado y lado se hacían más cercanas y más altas, con sus picos inmensos cubiertos por las nubes. Por fin llegaron a Honda, una próspera ciudad en la orilla izquierda, fundada por el conquistador Francisco Núñez de Pedroso. Río arriba la corriente se angostaba aún más sobre un lecho de piedras, lo cual dificultaba el paso de embarcaciones. Hacia el poniente, en medio de una llanura calurosa, estaba la ciudad de Mariquita, conocida por la riqueza de sus minas y porque allí había muerto de una enfermedad penosa y no hacía mucho, el adelantado Gonzalo Jiménez de Quesada, descubridor, primer conquistador de aquellas tierras y fundador de Santa Fe de Bogotá. En la otra orilla comenzaba el camino hacia el sol naciente. Por allí se internaron Juan de Urbina y otros viajeros, con la ayuda de indios y bestias de carga, hacia lo alto de la cordillera oriental, en busca de Santa Fe, distante unas veinticinco leguas. Décadas antes las autoridades ordenaron la construcción de un camino que permitiera el tránsito de bestias. Los trabajos avanzaban con lentitud y en algunos tramos ya se podía viajar con cierta comodidad. El resto, sin embargo, estaba en un estado lamentable: al igual que en el camino de Vélez, los viajeros que así lo preferían eran conducidos en las espaldas de los indios, al borde de despeñaderos, o a través del monte cerrado, en cortas jornadas diarias. Cuando se trataba de viajeros de gran dignidad, ya entrados en años y con exceso de peso, eran puestos en sillitas —o silletas— que cargaban entre cuatro indios, mientras otros dos iban delante abriendo camino y ayudando en los pasos difíciles. Juan de Urbina no disfrutó de esta comodidad. Tampoco se dejó cargar por un indio, no solamente por el costo adicional que esto implicaba, sino también porque no se resignaba a exponer su vida por la posibilidad de que el indio resbalara y ambos cayeran al abismo. Por eso remontó a pie y con su propio esfuerzo aquellas montañas que parecían inaccesibles, hasta los páramos de Suma-paz, para finalmente encontrar la esplendorosa e increíble sabana de Bogotá. Fue así como entraron a la capital. Llegaron por el camino de Serrezuela, se embarcaron en una balsa para sortear los humedales que cubrían esa parte de la Sabana y, ya cerrada la noche, hicieron el último trayecto en mula, para descender a la puerta de una posada en las afueras.

La primera acción de Juan de Urbina estuvo orientada a buscar a su amigo Jerónimo de Retes Salazar, quien, como se dijo, se desempeñaba como funcionario de la contaduría. Juan de Urbina se hospedó en su casa. Durante las primeras semanas se recuperó del cansancio de aquel viaje heroico por el Magdalena, del cual había salido ileso. Y se acomodó al clima helado y lluvioso de aquella ciudad en lo alto de la cordillera, recostada a los cerros de Montserrate y Guadalupe. Salía a recorrer las calles y la Plaza Mayor y se maravillaba al ver a los aborígenes taciturnos que venían de pueblos al otro lado de los cerros a vender leña, arvejas, papas y otros tubérculos. Los que transitaban por la ciudad estaban medianamente vestidos, sin duda por el clima y, además, porque les estaba prohibido llegar a la ciudad sin ropa. Los de las tierras calientes y los de las laderas de la cordillera permanecían desnudos. Así los había visto Juan de Urbina en su viaje. Las autoridades no se cansaban de combatir esta costumbre "de brutos" y a veces les entregaban camisetas y zarazuelas a los hombres, y naguas a las mujeres, fabricadas de anjeo ordinario y traídas de España a expensas de la Corona, pero con escaso resultado, porque los tales indios e indias volvían a la desnudez a la primera oportunidad. Le llamaba también la atención los pocos negros que había en Santa Fe. En Cartagena, en cambio, y en su recorrido por el río de la Magdalena, se había encontrado con buen número de ellos, aunque los capataces se quejaban de su costo elevado y dificultad para conseguirlos.

Por las calles de Santa Fe Juan de Urbina se cruzaba, además, con oidores y sacerdotes, militares y funcionarios. Los más encumbrados iban a caballo y las gentes se apartaban para verlos pasar. Iban vestidos de negro y con sombrero de fieltro o de paja. Muchos llevaban capas gruesas —o ruanas de hechura local— para combatir el aire frío de la altura. A falta de vino y otras delicias de la madre patria, aquellos españoles ya estaban hechos a la chicha de maíz, a la sopa de ajiaco y a la taza de mazamorra como elementos de su alimentación diaria. En cuanto a los caballos, Juan de Urbina supo de los trabajos indecibles que sobrellevaban los colonos españoles y los arrieros indios para conducir recuas y rebaños desde la costa hasta las ciudades en lo alto de la cordillera. Desde la época del descubrimiento abrieron estancias cada diez o quince leguas, y en cada una instalaron un tambo o venta provista con caballería de alquiler para el servicio de los viajeros. Las recuas y rebaños pasaban de estancia en estancia primero por las tierras bajas, siguiendo el curso de los ríos. Esto solo era posible en las épocas de sequía, porque en las de lluvia los ríos venían tan crecidos que no había forma de vadearlos, y porque las orillas se inundaban ahogando los ganados. Luego, hacia las tierras altas por caminos improvisados y dando enormes rodeos para sortear los barrancos y los abismos. Las recuas y rebaños que lograron llegar hasta la Sabana de Bogotá permitieron fundar estancias dedicadas a la cría y con los años la increíble fertilidad de esas tierras permitió un abastecimiento básico, aunque los precios de los animales seguían siendo altos.

Una pequeña ermita funcionaba en la cima de Montserrate y allí ascendió Juan de Urbina para darle gracias a la Virgen y depositar sus ofrendas y oraciones. Jerónimo lo presentó a las autoridades y demás personas de importancia, hizo amigos y unos meses después fue contratado en la contaduría como escolta de funcionarios importantes. La fama que traía de combatiente, su temperamento reposado, su don de gentes, la práctica devota de sus obligaciones de cristiano y sus conocimientos de comercio, unidas a la figura protectora de Jerónimo, le abrieron la posibilidad de iniciar una vida amable y productiva. Como sabía que Santa Fe de Bogotá era la capital de un territorio inmenso y rico donde todo estaba por hacer, decidió que allí iba a pasar el resto de su vida y que por lo tanto debía pensar en fijar residencia y fundar un hogar. Seguía contando con su buena suerte y le daba gracias a Dios por los favores recibidos y por los que iba a recibir.

En la contaduría conoció al cabo Antonio de Arnalte, un joven menor que él, hijo de españoles y nacido en Santa Fe. Era alegre y de natural expansivo. En sus recorridos por la ciudad y los pueblos cercanos, Juan de Urbina le narraba historias de caballerías y pastores, despertando en Antonio el deseo de leer; y, como carecía de letras, Juan se propuso iniciarlo en su conocimiento. Pero los libros eran escasos. En Santa Fe no había imprenta, y los que llegaban resultaban costosos y debían pasar por los controles de la Inquisición de Sevilla y las aduanas. Varias cédulas reales reglamentaban este comercio, prohibiendo los de diversión, los de caballerías y similares, con el argumento de que estaban llenos de imaginaciones nocivas para la salud espiritual de aquel reino apenas en formación. Pero esto no impedía que algunos los poseyeran, y que circularan discretamente de mano en mano. Tampoco se permitía la circulación de cómicos por el Reino ni las representaciones públicas, por idéntica razón.

Fue a través de Jerónimo de Retes Salazar que Juan de Urbina supo de Ana Teresa López de Sandoval, la hija menor del jefe de la guardia del Presidente Sande, Capitán Diego de López Sandoval, y de su esposa doña María, ambos oriundos de Burgos. Ana Teresa nació en Santa Fe y era una joven piadosa que creció en aquel hogar calificado por los vecinos como "ejemplar". Poco se sabía de Ana Teresa, porque salía poco de su casa, porque no asistía a saraos y solo iba a las ceremonias religiosas cubierta de mantilla y acompañada por su madre.

Pero había una dificultad: los matrimonios de familias de funcionarios oficiales estaban restringidos —por no decir prohibidos— para evitar corrupción y componendas que afectaran los intereses del Rey. ¿Cómo sortear la dificultad? El capitán Diego López de Sandoval era el principal interesado en obtener la licencia. Las dos hijas mayores se habían casado años antes y ya los nietos estaban mayorcitos. En cambio, Ana Teresa veía pasar los años y se marchitaba en la soledad. En Santa Fe era poco probable que apareciera otro candidato que, como Juan de Urbina, fuera tan valiente, tan buen cristiano, tan dedicado a sus labores, de tan buen nombre y claro abolengo y, además, limpio de sangre. El enlace se podría realizar si el presidente Sande daba la autorización. Ante la posible negativa, los interesados se propusieron argumentar que recientemente la hermana del fiscal se había casado con un encomendero y una hija del oidor Vásquez de Cisneros con un mercader rico. En realidad, el trámite no era difícil; si el presidente daba la autorización, no ponía en mayor riesgo su prestigio. Además, este veía con buenos ojos al pretendiente y le debía favores personales al jefe de su guardia. Al dar su aprobación, compensaba los servicios de ambos y se ganaba su fidelidad.

Con la mayoría de sus ahorros, aumentados ahora con la pequeña dote recibida del Capitán Diego López de Sandoval, Juan de Urbina adquirió una casa no lejos del edificio de la contaduría. Era de regular tamaño y estaba construida con buenos materiales. Recibió también autorización para buscar y mantener a su servicio dos "piezas": un indio adulto que iba a encargarse de suministrar leña, acarrear agua y servir de peón de su señor y una india también adulta, para el aseo, la preparación de los alimentos y demás necesidades de la señora. Ambos estaban adoctrinados y ya hablaban la lengua de Castilla. Como su nuevo estado demandaba la adquisición de un buen caballo con sus aperos, Antonio de Arnalte lo acompañó por los criaderos y estancias que proveían a Santa Fe. En su carácter de escoltas, podían utilizar para sus desplazamientos oficiales las bestias de la contaduría, pero estas dejaban mucho que desear. Un buen caballo y unos aperos lujosos le daban categoría al jinete y despertaban la admiración de las gentes.

Así pudo celebrarse el matrimonio, el cual tuvo lugar en la catedral, en una ceremonia religiosa a la que asistieron las figuras más representativas. Jerónimo de Retes Salazar y Antonio de Arnalte fueron los padrinos. Aunque en la ceremonia y en el ágape primaron la sencillez y el decoro, Juan de Urbina sorprendió a sus invitados agasajándolos con dos botijas —de las de arroba— de buen vino español, en las cuales no dudó en invertir la gruesa suma de treinta y dos pesos.

Y no había pasado mucho tiempo cuando Jerónimo de Retes anunció sus planes de viaje. De tiempo atrás venía acariciando en secreto ciertas opciones. Las intrigas de sus parientes en España y la limpia hoja de sus servicios le permitieron ser seleccionado por la Corona, con la avenencia del presidente Sande, para que organizara una expedición por los valles Central y de Bagaces de la provincia de Guatemala, donde habitaban numerosas tribus indígenas. Eran valles ricos en maíz, fríjol, chile, algodón, cera y miel, trigo, ajo, anís, frutas, con los cuales se pretendía abastecer las ciudades de Panamá y Portobelo. A Jerónimo de Retes Salazar el futuro se le presentaba brillante: en pocos años colonizó una región extensa, se casó con la hija de un encomendero rico, fundó ciudades y pueblos y su descendencia hizo de aquel país una colonia próspera de España. Pero esta historia es buena para otra novela. En cuanto respecta a Juan de Urbina, se lamentó de la partida de su amigo; si hubiese continuado soltero tal vez lo habría acompañado a Guatemala. Pero ya tenía hogar, el cargo de guardia en la contaduría y el beneplácito de las autoridades y los vecinos. De hecho, poco después de la partida de Jerónimo, asumió el cargo —de mayor categoría— que este había dejado vacante.

El abastecimiento de las minas, la mayoría situadas en tierra caliente, era una preocupación permanente de las autoridades españolas. Lo que sucedía en Guatemala respecto de Panamá y Portobelo sucedía también en la Nueva Granada. Los pueblos y ciudades en lo alto de la cordillera, sobre todo los de la Sabana de Bogotá, hasta la ciudad de Santiago de Tunja —localizada hacia el norte, a pocos días de viaje— servían de despensa de productos agrícolas para las minas de oro en distintas partes del ardiente valle del Magdalena y en regiones tan lejanas como Cáceres, Remedios y Zaragoza. Santiago de Tunja ("Hunza" en el idioma de los chibchas) estuvo habitada por una nutrida población indígena y parte de su esplendor se debía a que era la sede de la rica encomienda de Chivatá, que producía hortalizas, papa, maíz y otros alimentos, y donde laboraban cientos de indígenas ya adoctrinados.

Era costumbre de los presidentes de la Real Audiencia —desde la época de don Andrés Díaz Venero de Leyva y, luego, con don Antonio González, don Francisco Briceño y el propio Sande— llegar hasta Tunja, siempre con todo séquito y pompa y como parte de sus actividades oficiales, no solo para impartir justicia y asistir a celebraciones religiosas, sino también para ordenar el envío de vituallas a las minas de tierra caliente y para discutir con los notables el estado del Reino y los progresos de la evangelización.

Entre las figuras más respetadas estaba don Juan de Castellanos, oriundo de la villa de Alanis, provincia de Sevilla, quien pasó a las Indias en calidad de soldado al comienzo de la conquista para participar en muchas expediciones y fundaciones. Cuando Juan de Urbina lo conoció ya estaba anciano y había sido ordenado sacerdote. Era el beneficiado de la catedral de Tunja; bajo su dirección se había completado la imponente fachada, en la cual había hecho grabar su propio nombre:

A fundamentis templi rectorque Ioannes
de Castellanos non sine laude manet.

Escribía una extensa obra en octavas reales y narraba los hechos ocurridos en Tunja, Popayán, Antioquia y la Nueva Granada. En ella aparecían menciones a innumerables exploradores y conquistadores; unas elogiosas por la gloria que habían dado a España con el descubrimiento de minas, fundaciones de pueblos y ciudades y catequización de naturales. Otras de reproche, por la vergüenza que generaron, como la de Suárez de Rendón, cuya soldadesca violó indias y saqueó viviendas de los zaques de Tunja, y la de Hernando Pérez, quien ordenó ejecuciones innecesarias de caciques en poblados como Boyacá, Motavita, Tumequé, Samacá y Suta.

Juan de Urbina visitó repetidas veces la ciudad de Tunja —casi siempre con su escolta y amigo Antonio de Arnalte— ya para desempeñar las funciones propias de su cargo de cobranzas —que lo llevaron en dos ocasiones hasta Vélez y Pamplona, situadas más al norte— ya para acompañar al presidente Sande o a algún otro funcionario, o por encargos específicos de sus superiores. Entre las muchas cosas que observaba y aprendía en estos viajes le llamó la atención la forma como hablaban los notables: era similar a la que había escuchado en su niñez en Soria, cuando fue a aquella provincia para aprender el castellano. A su paso por Cartagena, en cambio, notó que allí el acento predominante era el de Andalucía. Los españoles de Tunja no decían "pejcado" ni "arbañil". Se lo explicó porque muchos andaluces se quedaban a vivir en Cartagena mientras los castellanos parecían adaptarse mejor a las condiciones del altiplano.

El encomendero era Juan Sáenz de Hurtado y en su residencia concurrían figuras como los licenciados José Luis de Vanegas, Luis Blanco y Juan de Vargas, oriundos de España, quienes se desempeñaban como escribanos. Juan de Urbina hizo amistad con estas personalidades y con ellos pasaba las veladas discutiendo sobre los asuntos del Reino. Hizo amistad también con don Juan de Castellanos a quien visitaba para gozar de su compañía y admirar la forma como el viejo poeta componía sus versos. Y, a su regreso a Santa Fe, ponía a sus superiores al corriente de las opiniones de sus nuevos amigos.

¿Cuál era la realidad del Reino?

Difícil saberlo. Por todas partes había frailes de todas las órdenes; obispos, deanes, chantres, arcedianos, canónigos, maestresalas y demás clérigos; presidentes, gobernadores, oidores, alcaldes, alguaciles, encomenderos, protectores de indios, regidores, procuradores, factores, contadores y demás oficiales; licenciados, fiscales, jueces de residencia y demás "justicias"; capitanes y demás militares. Cronistas, escribanos y uno que otro poeta. Cada uno escribía bulas, cédulas, memoriales, probanzas, semblanzas, elegías, crónicas, actas, alegatos, súplicas a los jerarcas de la Iglesia, a la Audiencia, a los demás funcionarios e inclusive a la Corona. En estos escritos se daba cuenta por extenso de órdenes, ordenanzas, decretos, voluntades, amonestaciones, instrucciones, necesidades, agravios, vejaciones, molestias, abusos, desobediencias, excomuniones, acciones heroicas, mandamientos, excesos y desatinos. Algunos españoles —Aguirre, Oyón— se alzaron contra la autoridad del Rey, se convirtieron en tiranos o tiranuelos, atacaron los poblados y escaparon por los bosques, dando origen a innumerables escritos dirigidos a todas las instancias. Cuando no eran interceptadas y violadas por otras autoridades, por malhechores o indios bravos, o cuando no desaparecían en la manigua, las valijas del correo llegaban atiborradas de folios y éstos se arrumaban en escritorios y archivos, formando una maraña de casos particulares y enredos que luego los historiadores de varios siglos no pudieron desentrañar. Al margen de tal cúmulo de informes de circunstancia, ¿quién podía dar razón de la situación de conjunto, de tal modo que fuera posible diseñar una política general?

Tunja era un centro importante y aquellas personalidades que se reunían en la encomienda de Chivatá se sentían en condiciones de comprender lo que sucedía en el Reino y de ofrecer soluciones generales. Hacían gala de apartar la hojarasca para mirar el bosque; se creían hombres de experiencia para remediar tanta discordia y poner en concierto tanto desconcierto como había en aquella tierra.

Surgió entonces la idea de redactar un documento con cifras, testimonios y hechos pertinentes que sustentaran la argumentación, evitando caer en casos específicos, señalando solo los problemas de conjunto para, al final, ofrecer respuestas efectivas. Sería una "súplica" al Rey que, con la venia del Presidente de la Real Audiencia de Santa Fe, iba a ser presentada en Madrid por aquellos señores de Santiago de Tunja. Juan de Urbina le llevó la inquietud al Presidente Sande y este los autorizó para que compusieran la súplica, con la advertencia que no tendría carácter oficial, pues pensaba que si fuese firmada por particulares iba a tener una acogida más espontánea en la Corte. Además, debían prepararla en pliegos duplicados, de tal forma que el Presidente quedase bien enterado y el juego completo permaneciera en los archivos de la Audiencia.

Así, Juan de Urbina pudo radicarse en Tunja por el tiempo que estimó necesario. Fue acogido generosamente por Juan Sáenz de Hurtado en la casa de la encomienda, y allí acudieron durante varios meses las demás personalidades. Era una construcción enorme que año a año se ampliaba con nuevos patios, pesebreras y bodegas. Contaba con una buena iglesia donde varios religiosos celebraban misa e impartían la doctrina. A su alrededor estaban decenas de bohíos y ramadas de madera y paja para uso de los indios. Cuando conoció este conjunto de construcciones, Juan de Urbina pensó en una ciudadela. Estaba localizada en un bello paraje de colinas y valles surcados por arroyuelos, no lejos de Tunja, en el camino hacia Sogamoso. Los campos estaban sembrados de granos, hortalizas y abundantes pastos. La esposa del encomendero, doña Rosa María Ascárate de Sáenz, honraba a sus invitados con excelentes viandas y bebidas y las veladas eran deliciosas. A veces salían a pie o a caballo para recorrer los campos, gozar del aire fresco y apreciar los atardeceres cargados de arreboles.

Las conversaciones fueron acaloradas. A pesar de que sus compañeros eran letrados de renombre, desde el comienzo Juan de Urbina recibió el encargo de levantar los folios, los cuales eran revisados en la siguiente reunión. Entonces se completaban con nuevos informes y reflexiones, se autorizaba pasarlos en limpio y finalmente se aprobaban para dejarlos como definitivos. La tarea encantó a Juan de Urbina y a ella dedicó todo su esfuerzo. Disponía de una sala bien amoblada, con su escritorio y con los elementos de escritura necesarios: papel, plumas, cuchillo, tintero y salvadera. Su sorpresa fue mayor cuando encontró una biblioteca de regular tamaño en la propia casa de la encomienda. En ella había libros en castellano y latín para todos los gustos. Muchos de carácter religioso: confesionarios, vidas de santos, sermonarios, libros de horas, tratados de exegética, libros de canto para los coros de las iglesias. Encontró dos Amadises, un Floristán y una Celestina; libros de astronomía, matemáticas, historia natural, agricultura, minería y milicia. Entre los de historia estaban uno sobre el Perú y los de Salustio, Justino, José Flavio, Eusebio, Illescas, Zurita y Pedro de Salazar. También encontró poesía latina de Virgilio y Marcial. Juan Sáenz de Hurtado lo autorizó para que, mientras permaneciera en su casa, tomara prestados los que quisiera, y, en efecto, durante aquellos meses disfrutó plenamente de la lectura. También tuvo acceso a la biblioteca de don Juan de Castellanos, donde encontró innumerables libros de romances, endechas, caballerías, algunos poemas de Garcilaso y las obras de Gonzalo de Berceo, Juan de Mena y Ercilla. El poeta hablaba con singular entusiasmo de estos autores y, sin duda, usaba sus obras como el mejor ejemplo de la labor en que se encontraba empeñado.

¿A qué se debía tal abundancia de libros en Tunja? A que también había abundancia de letrados y clérigos venidos de España, quienes traían sus propios libros; además, porque había uno que otro comerciante que surtía las iglesias, monasterios y colegios.

De hecho, en Tunja había más templos y congregaciones que en Bogotá. A Juan de Urbina le encantaba el ambiente de religiosidad que se respiraba en Tunja, y que en algunos aspectos le recordaba el de Sevilla. Las campanas resonaban marcando las horas y anunciando las ceremonias y oraciones, y las calles y plazas se veían frecuentadas por dominicos, franciscanos, agustinos y clarisas. En las poblaciones vecinas de Ráquira y Villa de Leyva estaban los monasterios de La Candelaria y Ecce Homo y Juan de Urbina se propuso visitarlos a la primera oportunidad.

Oraba largamente ante los retablos de santos, crucifijos y demás elementos del culto. Prefería aquellos que representaran esqueletos, cadáveres en descomposición, heridas sangrantes, cuerpos atormentados por el cilicio. Mientras más dramática fuese la representación, mayor era su entrega, porque seguía pensando que la muerte no era el final de la existencia sino el umbral de la vida futura y verdadera.

De hecho, los asuntos religiosos ocupaban gran parte de las conversaciones de aquellos contertulios. Juan de Urbina se quejó de que tanto en Santa Fe como en Tunja, pero quizás más en Tunja que en Santa Fe, la población indígena que se suponía cristianizada mantenía sus ritos y creencias ancestrales. ¿De qué había servido el bautizo? En su concepto, de nada. En Tunja había asistido a una fiesta del *Corpus Cristi,* cuya celebración anual convocaba indígenas y españoles de muchas leguas a la redonda. Desde cada parroquia acudieron las gentes a la Plaza Mayor trasportando a su virgen o santo patrón en andas. Los devotos rodeaban la imagen y se peleaban descaradamente, irrespetando turnos y jerarquías, para ocupar un lugar bajo el andamio del santo. Fueron descalzos por los terrenos más escabrosos y dejaron ensangrentados los senderos. Cantaron, rezaron en coro en sus idiomas nativos, bebieron abundante chicha y la procesión duró dos días. Las imágenes —confeccionadas en Sevilla— fueron adornadas con collares de esmeraldas que refulgían bajo el sol, túnicas bordadas en oro, flores de extrañas formas, plumajes de aves exóticas. Usaron instrumentos musicales, disfraces y vestidos burdos, y, en su conjunto, lo que debía ser una ceremonia religiosa auténtica le pareció más bien un carnaval pagano, o un remedo.

—¡Una ofensa, un improperio!, insistió.

Lo que más le indignaba, y así se lo reclamó a sus compañeros de tertulia, fue que muchos españoles y clérigos se complacieron con tal espectáculo; en vez de castigar a los indios, los alentaron o, en el mejor de los casos, se hicieron los de la vista gorda.

Sus contertulios lo escucharon y, luego, pacientemente, le explicaron cuál era la situación real. Las cosas eran mucho peores de lo que él creía. No había forma de imponer prácticas más ortodoxas a esa población de salvajes. Cuando los clérigos y dignatarios españoles bajaban la guardia, aquellos indios —que recibían el nombre de "ladinos"— se internaban en los montes para practicar los ritos nefastos de sus idolatrías, y lo hacían imitando las oraciones, ceremonias, gestos, rangos y vestiduras que habían aprendido en los templos cristianos y en las clases de doctrina. Sin duda se trataba de una gran ignominia del nombre de Cristo, un gran pecado de blasfemia, una burla y escarnio, que era necesario castigar. El culpable de todo era el demonio, quien había establecido su reinado entre los indios, convirtiéndolos en brutos, bárbaros y pecadores redomados; en perezosos, mentirosos, criminales, viciosos, viles, feos y cobardes. El demonio los incitaba a convivir sexualmente con hermanas y madres y a adorar ídolos inmundos. Por eso era necesario castigarlos de la manera más ruda. Los pijao en particular —que habitaban en otra región— eran bestias, más que bestias, caníbales, a quienes había que exterminar.

Pero en el lado de los españoles las cosas tampoco estaban bien. En muchos pueblos de indios sus habitantes nunca habían tenido quién les enseñara la doctrina de Cristo. Como la Corona tenía prohibido ordenar sacerdotes mestizos, llovían las solicitudes a las parroquias y conventos de España para que enviaran misioneros y solo llegaban novicios que no conocían bien lo que enseñaban. Así se propagaba la herejía y el error. Ya fuese por inadvertencia, improvisación o falta de estudios, aquellos clérigos estaban cerca de predicar las doctrinas de Lutero. Además, sus costumbres se habían relajado. Convivían con las indias, jugaban a las cartas en público, abusaban de los indios exigiéndoles ofrendas y trabajos —practicando así la lujuria, la codicia y la avaricia— y escapaban del control de los obispos y demás autoridades. Hasta los obispos se habían apartado del camino recto. Luis Blanco contó lo que había escuchado sobre el obispo de Santa Marta, de quien por su rango se esperaba buen ejemplo y vida moderada: era el dueño de las canoas y se ocupaba principalmente de la pesca de perlas, actividad en la cual perecían tantos indios. Era patente que entre los clérigos abundaban los perjuros, blasfemos, incestuosos, amancebados, alcahuetes y supersticiosos. Y no sería raro, como agregó Luis Blanco en un momento de exaltación, encontrar también entre ellos a algún "puto judío".

Sáenz de Hurtado recordó que si bien era responsabilidad de sacerdotes y obispos controlar las creencias y prácticas religiosas de indios y negros, debía existir algún poder que a su vez ejerciera control sobre sacerdotes y obispos. En Lima y la Nueva España funcionaban tribunales del Santo Oficio desde hacía treinta años, que ejercían tal control con beneficios patentes. Pero su acción no tocaba a la Nueva Granada; esta dependía oficialmente de Lima, pero su autoridad era nula por la distancia enorme que las separaba. Por tal razón, algunos obispos en la Nueva Granada eran ruedas sueltas en el conjunto de la administración del Reino.

Otro aspecto que les preocupaba era el adoctrinamiento de los indios. Los adultos, por lo general, permanecían ausentes de los pueblos de indios, ya que atendían el transporte de mercancías, el trabajo de las minas y el servicio doméstico en las casas de los españoles. En consecuencia, los únicos que asistían a la doctrina eran los niños. De sus padres habían aprendido las herejías, pecados y costumbres nefastas de la tribu. Y de los curas aprendían los pecados de los españoles. Juan de Vargas lo dijo de manera sucinta: "Están doblemente instruidos: a los pecados propios agregan los ajenos, por lo cual quedan en peor estado que antes de ser descubiertos". En estas condiciones, ¿qué podía esperarse de ellos en el futuro?

Luis Blanco, por su parte, argumentó que si bien en las procesiones del *Corpus Cristi* había excesos, en ellas las cosas ocurrían bajo la mirada de las autoridades, quienes algo podían hacer para que las cosas no llegaran a mayores extremos. Pero, en el monte, lejos de tal control, ¿qué cosas horribles podían ocurrir? ¿Cómo reprimirlas? Sin duda, con castigos severos, inclusive con ejecuciones que sirvieran de escarmiento.

Cuando mencionó las ejecuciones sus compañeros lo interrumpieron y protestaron. La discusión se generalizó y ya no hubo acuerdo. Se suponía que era una práctica superada. Si se aplicara mano dura, la población indígena pronto quedaría borrada de la faz de la tierra, y entonces, ¿quién iba a trabajar en los cultivos y las minas? ¿Quién iba a transportar las mercancías?

—¡¿Mano dura?! ¿Qué más dura la podemos aplicar, si ya casi no tenemos a quién aplicársela? —Fue la respuesta aireada de Juan Sáenz de Hurtado.

Entonces Hurtado se adueñó de la palabra y procedió a explicar lo que ya todos sabían: la fuente principal de trabajo, los indígenas, estaba prácticamente agotada. Las cifras eran contundentes: de un total de 123.000 que se habían censado veinte años atrás, la población indígena había disminuido a poco menos de 12.000. —En Mariquita pasó de 8.000 a solo 200 indios. Remedios de 4.000 a 600. Vélez de 15.000 a 1000. Cáceres de 8.000 a 1000. Pamplona de 18.000 a 2000, y así sucesivamente—. Esto traía consecuencias funestas: el comercio disminuía en forma alarmante por falta de indios para el transporte. De igual forma disminuía el trabajo en las minas. El resultado más dramático era la caída de las remesas de oro a la Península.

La destrucción de los indios no era noticia nueva para aquellos caballeros. Ya Bartolomé de las Casas la había denunciado con razones de peso y la polémica sacudió España y las colonias. Algunos de los contertulios de Chivatá conocían las razones de Las Casas pero no estaban convencidos. Luis Blanco acogía más bien otra tesis en boga entre muchos españoles, que explicaba la destrucción aludiendo al "juicio secreto de Dios". Los partidarios de esta tesis, en la práctica, renunciaban a la búsqueda de soluciones y dejaban cualquier desenlace en las manos del Señor. La Corona, por su parte, reglamentó el uso de indios en las varias tareas, pero los resultados eran pobres y las minas y el comercio seguían sirviéndose de ellos. Morían por maltrato, mala alimentación, despeñamiento. A lo anterior se sumaba el desarraigo de los cargueros, que eran llevados de las tierras frías a las calientes o de las calientes a las frías, "mudando de temple en excesivo grado y con gran daño para la salud", según explicó José Luis de Vanegas.

El asunto de fondo estaba relacionado con una pregunta a la cual le dieron muchas vueltas: ¿Cuáles eran las causas reales de la destrucción de los indios?

Después de discutirlo, los notables de Tunja, y con ellos Juan de Urbina, llegaron a sus propias conclusiones —que quedaron registradas en los folios—: los españoles no habían sido los culpables, tal como lo sostuvo tan aireadamente Bartolomé de las Casas. Las causas eran otras: el demonio y el clima. El demonio, porque como ya lo habían dicho, reinaba entre los indios y los mantenía en el pecado. En cuanto al clima, el asunto era complejo. Según Sáenz de Hurtado, "el Reino está compuesto de dos humores o regiones, fría y cálida. Los españoles que las han hollado pueden dar testimonio de los efectos tan disímiles. En la caliente se producen los metales ricos, como el oro y la plata, y en la fría se cultivan las hortalizas y los ganados. De esta manera, una le sirve de despensa y sustento a la otra. Supuesto lo cual, para que el Reino se conserve, es necesario conservar ambas regiones en buen funcionamiento". Además, "el Reino está cercano a la esfera del sol, debajo de la línea equinoccial. Las ciudades y tierras frías están en lo alto, en la parte más encumbrada, a ocho y nueve grados de altura, y las ciudades y tierras cálidas en lo bajo, a cinco y seis grados de altura".

Hasta aquí no hubo dificultad. Pero entonces surgió una inquietud y de nuevo se abrió el debate. ¿Por qué las ciudades y las tierras altas eran más frías, si estaban más cerca del sol? Juan Sáenz de Hurtado, José Luis de Vanegas y Luis Blanco tenían su explicación: entre la tierra y la región del sol se ubicaba la región del aire. Las tierras altas estaban más cercanas que las cálidas a la región del aire, tanto que, según Vanegas, "en las más altas la tierra parece ser el aire mismo". Allí el sol no calentaba tanto porque el aire era más "sutil". En cambio, la tierra caliente estaba lejana de la región del aire y por eso recibía de lleno los rayos del sol. Juan de Vargas y Juan de Urbina no quedaron convencidos y opinaron diferente: lo que allí ocurría era cuestión de milagro: "Dios ha permitido ese imposible y quien no lo ha visto y vivido no puede comprenderlo".

Dedicaron horas a discutir la cuestión y como no se ponían de acuerdo la consultaron con personas como Castellanos, pero cuanto más la discutían y consultaban menos la comprendían. En vista de lo cual convinieron dejarla sin resolver, advirtiendo en el documento que quedaba al arbitrio de los sabios de la Corte, y que lo que verdaderamente les interesaba exponer en la súplica era el efecto que el clima tenía en las personas: los españoles no estaban hechos para trabajar en las tierras frías y menos en las calientes. El abraso del sol era tan riguroso que aquellos que se sometían a sus rayos fácilmente caían postrados de fiebre, y muchos morían. Sáenz de Hurtado recordó el caso de cinco españoles conocidos suyos que, estando faltos de moneda, se pusieron a segar una "haza" que habían tomado a destajo en tierra fría. "Al cabo de tres horas estaban tan cansados que no podían bullirse". El sol abrasaba tanto que sus carnes y poros quedaron abiertos. "Vino la sutileza del aire frío, penetró en los cuerpos y los pasmó. Luego sintieron dolores y otras molestias y les aparecieron las bubas". Podía citar otros ejemplos. Las molestias ocurrían cuando montaban a caballo o cuando ejecutaban otros ejercicios, con lo cual se demostraba que los españoles estaban impedidos para el trabajo. Dicho lo anterior, Juan Sáenz de Hurtado pronunció una sentencia que también quedó registrada en el documento: "el español que no se guarde del sol y del airecillo fresco, arriesga su salud". A continuación explicó que, en cambio, los naturales y los criollos sí estaban en condiciones de trabajar al sol "unas horas al mes"; habían nacido en esos parajes y estaban hechos "al temple" de la tierra y a las influencias del cielo. Pero debían hacerlo con "recato y flema", tratando de evitar el aire frío y la inclemencia de los rayos del sol. Era la forma de procurarse lo poco que necesitaban para su sustento. Comenzaron a morir cuando los españoles, movidos unos por la codicia y otros por las exigencias de los funcionarios de la Corona, les pidieron más horas de trabajo.

Uno de los aspectos más difíciles a los que se enfrentó Juan de Urbina en la redacción de aquellos folios fue el del vocabulario. Desde su niñez había desarrollado un interés especial por las palabras, tanto las que encontraba en sus lecturas como las que escuchaba. Esto —unido a sus conocimientos de latín y a la fineza de su oído para distinguir los acentos y las variaciones en la pronunciación— le permitía redactar la súplica con elegancia y total apego a la verdad. En el Nuevo Mundo había demasiadas cosas que no existían en España, cosas que demandaban palabras nuevas: animales, plantas, costumbres, utensilios, espacios, ríos, montañas, selvas. Era un tema que había presentado a sus contertulios, pero estos no le prestaron atención. Por eso, Urbina se animó a planteárselo a don Juan de Castellanos. Para el viejo poeta, en cambio, el tema —sobre el cual había meditado largamente— merecía toda la atención. En su obra mencionaba iguanas, hicoteas, caciques, hamacas, bohíos, chicha, cabuya, barbacoa, caimán, caney, canoa, guadua, maíz, yuca, cazabe, manglar, ceiba y tantas cosas más desconocidas en España. Explicó que no había otra forma de expresarlas sino usando y adaptando los nombres de las lenguas de indios y negros. El mayor riesgo era que los lectores españoles no los comprendieran. Por eso su uso tenía que ser mesurado, y, en lo posible, acompañado de explicaciones cortas y pertinentes. Esta lucha constante para encontrar la expresión correcta era su mayor secreto, secreto que ahora no dudó en confiarle a su amigo Juan de Urbina: durante años escribió en prosa la historia de su vida y las de las personas que había conocido. Lo hizo a medida que ocurrían los hechos, sin mayor preocupación por el estilo, la forma o el origen de las palabras. Describió territorios, narró sus viajes por mar y tierra, por selvas y desiertos, por valles y montañas. Algunas páginas fueron simples transcripciones de crónicas escritas —mal escritas, por cierto— por soldados o conquistadores. Otras estaban redactadas casi exclusivamente con palabras de indios. Cuando pensó que estaba próximo a concluir, se tomó el cuidado de leer aquel cúmulo de folios en prosa y, a medida que leía, lo invadió el desánimo. Lo que allí había de valor quedaba sepultado por una hojarasca inaceptable. Era un laberinto oscuro y confuso, un galimatías que nadie habría sido capaz de desenredar. Este sentimiento lo atormentó por largo tiempo y no encontraba como darle forma final a su obra. Hasta que, por fortuna, o quizás por la voluntad de Dios, cayó en sus manos la primera parte de *La Araucana* de Alonso de Ercilla sobre la conquista de Chile. Este poema le mostró el camino que debía seguir. Poco a poco encontró los ánimos y, a sabiendas de que la empresa iba a tomarle el resto de su vida, se dedicó a convertir pacientemente en octavas reales aquellas páginas de prosas desordenadas.

A estas alturas de su vida se sentía un privilegiado: no solo vivió hechos y aventuras singulares; no solo conoció gentes de todo tipo, desde ilustres españoles hasta indios y negros; no solo visitó los territorios más extraños y maravillosos que persona alguna había visto, sino que, además, Dios le había concedido los dones de la escritura y la poesía, y la longevidad suficiente para dejar constancia de todo aquello. El resultado eran miles y miles de versos en los cuales involucraba, bajo una norma poética apegada a los modelos españoles más reconocidos, las cosas más novedosas de su paso por el Nuevo Mundo.

—El poema, ¿cuántos versos contiene?, preguntó con timidez Juan de Urbina.

Don Juan de Castellanos no supo decir cuántos, porque no los había contado. Tal empresa la dejó al cuidado de la posteridad y murió sin saber que había compuesto el poema más extenso de la lengua castellana, con ciento diez y siete mil versos. Juan de Urbina se atrevió a formular otra pregunta:

—¿Por qué en endecasílabos?

Y Castellanos le respondió que porque así habían escrito Garcilaso y Ercilla, sus modelos modernos admirados. Pero, además, y para equilibrar sus razones, a renglón seguido aclaró que no habían sido los únicos. También habían sido modelos suyos los arahuacos y taínos, los caribes, chibchas y chocoanos, de quienes aprendió a mirar un mundo nuevo, y a nombrarlo, todo lo cual le sirvió para darle forma final a sus *Elegías*. Y, para concluir la visita, Juan de Castellanos animó a Urbina a usar sin vacilaciones ni cortapisas las expresiones indígenas, únicas capaces de expresar la verdad de lo que sucedía en el Reino de la Nueva Granada.

La redacción del documento avanzaba con lentitud porque, además de las dificultades de idioma y forma mencionadas, versaba sobre tópicos de suma importancia que era necesario meditar y discutir y en ocasiones consultar con las personalidades de la ciudad y, en asuntos de religión, con el obispo, con sus allegados y con los monjes y sacerdotes de Ecce Homo y La Candelaria.

El monasterio más famoso era el de La Candelaria, que comenzó como una ermita en homenaje a la Virgen. En su construcción intervinieron agustinos recoletos venidos de la Península y de otros lugares de las Indias. Algunos de estos religiosos entregaban sus vidas al Señor en forma tan genuina y desinteresada, que vivían en lugares desérticos, en cuevas apartadas labradas en la roca, y vestían túnicas de sayal. Dedicaban sin desmayo los días y las noches a la penitencia, la oración y el ayuno. Desde muchas leguas a la redonda, de pueblos como Lenguazaque, Guachetá, Sáchica y Samacá venían los devotos en romerías buscando las bendiciones de los ermitaños, y particularmente las de Arsenio de San Pablo, el más famoso por sus milagros. Juan de Urbina y sus amigos cabalgaron en varias ocasiones hasta Ráquira para dialogar con los monjes y ermitaños, elevar oraciones y participar en ceremonias religiosas y autos sacramentales. De hecho, estos autos encantaban a Juan de Urbina, porque eran las únicas representaciones que existían en la Nueva Granada, y a él le recordaban los corrales de comedias que tanto disfrutó en Sevilla. Pernoctaban en el monasterio, que estaba rodeado por un jardín frondoso a la orilla de un río. Allí, por la gracia divina, siete naranjos estaban siempre cargados del sabroso fruto, a más no poder. El objeto de aquellas jornadas era dilucidar las preocupaciones trascendentales en que estaban comprometidos, pero esto no les impedía de vez en cuando gozar de la cacería de venados, que era abundante, y visitar los caseríos en busca de indias mozas que perseguían por el descampado y poseían entre la maleza, ocupaciones que reputaban como inocentes. Bien sabían que la violación de muchachas indígenas había sido reprobada por algunas normas y denunciada en estrofas reales por don Juan de Castellanos. Pero se trataba de una costumbre arraigada entre los españoles, que comenzó por los años del descubrimiento cuando las tropas "rancheaban" para quitarles a los indios el oro y tomar algunas "piezas", en especial indias jóvenes. Con los años, esta práctica —lo mismo que el amancebamiento con indias— se había generalizado en tal forma, inclusive entre los españoles de mayor alcurnia y rango, que ya nadie reparaba en minucias. En la encomienda disponían de indios que les servían de guías y peones y les ayudaban a sujetar a las mozas o beneficiar los venados. Disponían también de una jauría de perros pachones bien entrenados para rastrear; de bestias de silla, espadas, arcabuces y demás elementos para el disfrute, la comodidad y la seguridad de los señores.

Una mañana de mayo y respondiendo a una especie de llamado interior, Juan de Urbina decidió aventurarse solo en busca de Arsenio de San Pablo. Vistió sus mejores prendas y recorrió a paso lento el jardín del monasterio de la Candelaria, hasta uno de los extremos, donde estaba la imagen de la Virgen; ante ella se prosternó por buen rato. Luego se dirigió a la pesebrera e hizo ensillar su cabalgadura. Atravesó el río y se orientó hacia el sol naciente. La naturaleza brillaba en todo su esplendor y el día prometía cálido. Ascendió una leve colina desde donde se abría ante sus ojos una extensión amplia del desierto. La tierra rojiza y seca estaba cubierta de pedruscos de extrañas formas, que parecían fósiles de un antiguo mar. La vegetación prácticamente había desaparecido. A partir de allí se desdibujaron las marcas del sendero, barridas por el viento. Pero el caballo avanzaba sin vacilaciones, como si conociera su misión y el destino de su viaje. Juan iba sumido en sus meditaciones, recordando los hechos principales de su vida y anhelando encontrar en aquel ermitaño la fuerza y el ejemplo que le permitiera acercarse a Dios y comprender sus designios. Llevaba una pena en su corazón. No había empreñado a Ana Teresa en dos años de matrimonio, aunque él cumplía fielmente sus obligaciones de esposo. Sumido en estas inquietudes, no reparó en el rigor de los rayos verticales del sol ni en la aridez creciente de aquellos suelos. El caballo tampoco reparaba en esos detalles; sobrevolaba el espacio como un ángel siguiendo una ruta imaginaria. Juan de Urbina pensó que era un buen augurio, un signo positivo en el decurso de su vida. No supo cuánto tiempo pasó ni qué horas serían cuando divisó unos barrancos colorados rodeados de una vegetación que, aunque pobre, no era de esperarse en aquel lugar. El caballo se detuvo junto a un arroyuelo para beber. Juan descendió. Dio unos pasos hacia el barranco más alto, coronado por un matorral de helechos debajo de los cuales se abría la boca inmensa de una cueva. El lugar parecía desierto. Ingresó y al momento encontró un recinto interior amplio, iluminado por los rayos que entraban por la boca de la cueva. Allí, el fenómeno de la luz cobraba un aspecto extraño. A medida que avanzaba, la luz se hacía más etérea, como si fuese reflejada por espejos bruñidos, o como si un espectro sobrenatural la mantuviese iluminada para beneficio del visitante. Encontró un altar tosco labrado en piedra, a su lado una calavera humana sobre un libro antiguo y un madero con la efigie del Crucificado. Juan dobló devoto las rodillas y elevó una oración. Luego pasó su mirada por el resto del recinto: un tejido de sayal cubría un rincón, y seguramente servía de lecho al venerable ermitaño que allí habitaba. El libro era el de los Evangelios; forrado en cuero de carnero, de páginas manoseadas. Había cirios gastados, un cilicio y los ramales ensangrentados de cuero con los que el santo se azotaba las espaldas en los momentos de tentación.

Salió de la cueva y esperó con paciencia. Al atardecer distinguió por entre la arboleda una figura escuálida, vestida de harapos y de larga barba. Era Arsenio quien se acercaba. Juan de Urbina lo esperó de rodillas y, cuando estuvo a su lado, le pidió la bendición. Arsenio elevó la mirada hacia los arreboles de la tarde e hizo la señal de la cruz. Luego le permitió levantarse y, como viejos amigos, se sentaron a conversar sobre dos piedras, a la orilla del arroyuelo, hasta bien entrada la noche. Hacía muchas horas que las estrellas brillaban en aquel cielo de singular esplendor cuando el santo y el devoto se retiraron para descansar. Al despuntar el sol, Juan de Urbina estaba listo para el regreso. Ahora el caballo avanzó lento; llevaba sueltas las riendas y Juan confió nuevamente al animal el destino de su viaje. Iba meditando en las palabras del santo. Hubiera querido imitarlo en el género de vida que llevaba, pero había elegido la vía del matrimonio y, con la nueva fe recibida, pronto Ana Teresa quedaría embarazada. Este pensamiento lo hacía feliz. Aquella bendición y aquel diálogo marcaban uno de los momentos importantes de su vida.

Juan de Urbina sintió en el dorso de la nariz una buba, postilla o tumor. La incomodidad duraba ya algún tiempo; en vista de que no sanaba y, por recomendación de algún vecino, fue a visitar al médico José de Aranjuez Solana, reputado por sus "sanaciones" en Tunja, quien le limpió el tejido de la piel con un instrumento cortante de lo cual resultó una herida un poco mayor. Atribuyó el mal al exceso de sol recibido en el curso de las cacerías y en los viajes por el desierto de la Candelaria. El tratamiento fue suficiente, la herida sanó sin mayor dificultad y, con el tiempo, allí solo se veía una cicatriz o rugosidad de la piel, que ya no le causaba ninguna molestia.

En cuanto el motivo de su estadía en la encomienda, Juan de Urbina resultó ser un escribiente excepcional por su buen criterio y facilidad de pluma. La "súplica" estaba dirigida a su Majestad, el Rey Felipe II. A medida que avanzaba su redacción crecía el entusiasmo de los contertulios y, en cierto momento, el encomendero se ofreció para viajar a costa de su peculio y llevar personalmente el documento a la Corte. Fue entonces cuando decidieron cambiar el encabezamiento para colocar la siguiente frase: "Señor: súplica que hace Juan Sáenz de Hurtado, vecino y encomendero de Vuestra Majestad, en nombre del Nuevo Reino de Granada, para su restauración espiritual y temporal". Ya contaban con más de cien folios y en ellos habían recogido desde la descripción del territorio, los trabajos de minería y agricultura, los centros urbanos, el clima y sus efectos sobre los españoles, la destrucción de los indios y las encomiendas, hasta la mita, la labor del clero y la alarmante reducción en el recaudo del requinto. Fue así como los redactores llegaron fácilmente a las conclusiones del extenso documento, que fueron recogidas en dos "súplicas": para reanimar la minería y la agricultura, la Corona debía sobrellevar de la manera más generosa la traída de negros del África, ya que los particulares no tenían los recursos para hacerlo. Y para conservar la unidad espiritual del Reino, se hacía necesaria la implantación del tribunal de la Inquisición en la Nueva Granada. Aquí Sáenz de Hurtado hizo incluir un inciso que consideró fundamental: Santiago de Tunja tendría que ser la sede del tribunal solicitado; no Santa Fe de Bogotá, ya que esta tenía Real Audiencia y sus rentas no alcanzaban para sostener dos instituciones de tal magnitud. En Bogotá se decidía lo relacionado con la economía, la política y la milicia. Se controlaba la minería, principal fuente de recursos. También se administraban las encomiendas, la producción de alimentos, la construcción y cuidado de los caminos, el trabajo de los curas doctrineros y, sobre todo, las guerras contra las tribus hostiles. Aún no había comenzado la que todos los españoles clamaban contra los pijao, que mantenían en zozobra buena parte del territorio, y que sin duda iba a ser sobrellevada por Santa Fe de Bogotá. El vacío estaba en lo espiritual, y Tunja, que ya contaba con una sólida reputación como centro religioso, era la llamada para subsanarlo, como sede de un nuevo tribunal de la Inquisición.

Sánez de Hurtado partió para Madrid, pero no fue recibido en la Corte porque acababa de morir Felipe II. Cundía el desconcierto; se preparaba la posesión del nuevo regente, Felipe III, y las funciones administrativas tardarían meses o años en normalizarse. Este suceso le obligó a modificar sus planes. Decidió regresar a Tunja, pero antes contrató de su peculio la impresión de la súplica, con la esperanza de que circulara en Madrid y llegara a oídos de los altos dignatarios. El manuscrito reposó en los anaqueles del impresor por años. Cuando por fin salió a la luz pública, Sáenz de Hurtado ya se había posesionado en Santa Fe de Bogotá como "Protector de Indios", por decisión del nuevo Presidente de la Audiencia, don Juan de Borja, con un sueldo de 300 pesos.

El matrimonio de Juan de Urbina y Ana Teresa no duró mucho. Pocos meses después de la visita de Juan de Urbina al ermitaño, ella le dio las buenas nuevas: esperaban descendencia. Se confirmaban las más altas expectativas de felicidad y Juan de Urbina se prometió regresar donde Arsenio para darle gracias. Pero esto no sucedió porque Ana Teresa murió de hemorragia a las pocas horas del alumbramiento. El niño fue bautizado con el nombre de Antonio María Urbina y López y entregado a Isabel López de Sandoval, hermana mayor de Ana Teresa, para que fuera criado en su hogar y con nodrizas.

Juan de Urbina estaba consternado. ¿Cuál había sido, pues, el milagro del santo? ¿Por qué le arrebató así a su mujer? ¿Qué iba a ser de su destino?

Lo atormentaba una duda de fe. ¿Qué había sucedido? ¿Cuáles eran los designios del Señor? Recordaba con viveza aquel día de mayo en que partió al amanecer en busca de Arsenio. Se sintió feliz, nimbado por la gracia de Dios y la mirada complaciente de la Virgen. Todos los espacios le parecieron cubiertos de flores, el aire estaba ungido con los cantos de las avecillas del cielo y el sonido acompasado de los arroyos. Ese día vestía sus mejores arreos de cacería, llevaba al cinto su mejor espada y su cabalgadura estaba bellamente enjaezada. Se sentía un gran señor, obediente del Altísimo y servidor de la patria. Solo pedía un milagro, que su esposa quedara en embarazo, y el milagro se dio. Pero cuando recordaba la muerte de ella, aquellos mismos espacios aparecían en su memoria como una inmensa cordillera de peñas toscas y duras, de cumbres desdeñosas que le llenaban el alma de congoja. La naturaleza no tenía nada de apacible, la cueva era un recinto pavoroso, un sepulcro listo a recibir no solo los restos de su esposa sino los del propio Juan de Urbina, quien había tenido la osadía de presentarse a pedir un milagro: había obrado de manera prepotente, egoísta, orgullosa. Arsenio no era ningún santo; era un emisario del demonio y por causa de su arrogancia, Juan de Urbina había caído en sus garras. Sintió que su vida se desmoronaba. Ya no contaba con la buena suerte que lo había acompañado desde Andagoya. De hecho, la vida había cambiado en unos años; y lo había hecho de manera abrumadora y terrible. Todo andaba mal. Las señales siniestras eran muchas. No era solo en lo relacionado con su persona. Unas décadas antes, cuando llegó la noticia de Lepanto, los españoles de las Indias y de la Península se sintieron en la cúspide de la gloria. Eran el pueblo elegido de Dios para llevar la señal de Cristo a todos los rincones del orbe. Pero ese orgullo duró solo unos años. De repente, la Armada Invencible fue derrotada y los ingleses, holandeses y franceses se sentían dueños de los mares. Drake y Hawkins —finalmente, según se supo en Santa Fe de Bogotá— cayeron sobre Cartagena de Indias ensangrentándola de la manera más cruel y Walter Raleigh penetró hasta lo profundo del Nuevo Reino de Granada remontando el Orinoco. En cualquier momento ascendería por la cordillera para sorprender a los habitantes de los pacíficos valles de Sogamoso y Santa Fe de Bogotá. Y poco después recibieron la noticia de la muerte del príncipe de los príncipes, Felipe II. El mayor reino de la historia tenía amenazado su futuro.

Si las cosas no marchaban bien en las altas esferas, mucho menos marchaban en el ámbito de lo local, como bien lo habían descrito en la súplica al Rey: peligraba la salud espiritual del Reino; las remesas de oro estaban en el mínimo nivel, los recaudos, en especial el requinto, disminuían en forma alarmante, y faltaban trabajadores en las minas y las encomiendas. Todavía se pensaba que la salvación estaba en traer esclavos negros. Pero estos no llegaban en el número requerido. Peor aún: los negros que ya estaban en el país agredían a los amos, se suicidaban, mataban a sus propios hijos para evitar que crecieran como esclavos. Escapaban en grupo a la selva donde formaban palenques y con frecuencia se sublevaban —con la consecuente pérdida de vidas de españoles— como había ocurrido recientemente en Zaragoza y en la propia Cartagena de Indias. La peor situación, sin embargo, era la rebeldía permanente de los indios pijao, que habían interrumpido la comunicación, o la hacía en extremo peligrosa, de Santa Fe de Bogotá con Popayán y por lo tanto con Quito y Lima. De hecho, extensos y ricos territorios estaban en manos de esa tribu guerrera e indómita que muchos reputaban como caníbal, y los colonos sufrían sus ataques devastadores.

Para terminar de complicar las cosas, en Santa Fe de Bogotá ocurrieron hechos oscuros y lamentables que el propio Juan de Urbina, estando tan cerca de las autoridades, nunca pudo explicar y siempre se los atribuyó al demonio. Llegó de visita el licenciado don Andrés Salierna de Mariaca con el objeto de adelantar investigaciones de rutina. Juan de Urbina no conocía de quejas o irregularidades y suponía que todo marchaba normalmente. La noche del 13 de septiembre, después de varios meses de trabajo, el visitador Salierna de Mariaca fue asesinado. Sus sirvientes encontraron el cadáver en el piso de la habitación. Por su cuerpo, en el lecho y por el suelo había una materia negra de olor desagradable; un vómito espeso y abundante. El cuerpo estaba doblado, las manos aferradas al estómago y los ojos, muy abiertos, parecían saltar de terror. Sin duda había sido envenenado. Pero la tragedia apenas comenzaba: dos días después fue encontrado muerto en su lecho don Francisco de Sande. Aunque los médicos no encontraron signos de asesinato, se difundió la noticia de que también había sido envenenado. Estos hechos generaron un desorden indescriptible. En pocas horas los oidores violaron la oficina de Salierna de Mariaca, se apropiaron de los documentos, los llevaron al recinto de la Audiencia y procedieron a leerlos, a copiar algunos y a destruir otros. Estando en esa labor, entró doña Ana de Mesa, la viuda de Sande, quien vestía de luto riguroso y estaba acompañada por su guardia personal. Arrebató los folios mientras los guardias amenazaban con sus arcabuces a los oidores y, sin preocuparse por los contenidos, procedió a destruir los que pudo. De aquella doble destrucción se salvó muy poco del trabajo de Salierna de Mariaca.

La ciudad quedó paralizada. Las gentes de bien se congregaron en las iglesias. Ninguna autoridad se atrevió a dar explicaciones públicas, aunque algunos enviaron comunicados a la Corte. Pasó más de una semana con un vacío de poder absoluto, hasta que los oidores, en un acto de sensatez, nombraron al más anciano de ellos, don Luciano Jiménez de Alarcón, para que actuara como presidente provisorio. Ejerció sus funciones por algunos meses, hasta la llegada de un nuevo visitador y presidente, el licenciado Nuño Núñez de Villavicencio. Este anciano pacífico y modesto, de gran voluntad de servicio, era el presidente de la Audiencia de las Charcas en el Perú. Su viaje fue en extremo difícil, porque tuvo que atravesar los territorios dominados por los pijao. Cuando llegó a Santa Fe ya los hechos que pretendía investigar habían perdido el signo de la urgencia. Tomó testimonios, recuperó algún documento de los copiados, pero pronto se dio cuenta de que la mayoría de los crímenes iban a quedar en la impunidad. En estas indagaciones ocupaba su tiempo y, entre tanto, el Reino seguía al garete.

Como la investigación que adelantaba Nuño Núñez de Villavicencio tardaba más de la cuenta, y como aumentaba el cúmulo de asuntos sin resolver, el Rey nombró a don Juan de Borja para que asumiera la presidencia. Era un joven militar oriundo de Gandía, Valencia, vástago de una familia de guerreros, nieto del famosísimo Francisco de Borja, quien poco antes había sido elevado por el Vaticano a la dignidad de Beato — paso previo a su santificación—. Juan de Borja no era abogado como los presidentes que le antecedieron, porque ahora los asuntos requerían un gobernante dispuesto a empuñar las armas. Llegó cargado de proyectos con el respaldo de su influyente familia y del propio Rey, quien lo invistió con la autoridad de un Virrey

—Presidente de la Real Audiencia, Gobernador y Capitán General— aunque sin otorgarle tal título. En estas circunstancias, su poder fue absoluto, ya que Santa Fe de Bogotá estaba incomunicada respecto de Lima. Borja carecía de séquito y su oropel fue mínimo, pero su inteligencia, sabiduría, decisión y don de mando estuvieron a la altura de las circunstancias.

Su gestión no comenzó con el brillo que esperaba, porque a los pocos días murió el licenciado Núñez de Villavicencio. De inmediato se habló de un nuevo asesinato. La ciudad quedó consternada, y, cuando arreciaban las consejas y rumores, Borja actuó con decisión y prontitud: ordenó hacerle la autopsia. Era un procedimiento rarísimo que exigía la autorización del Arzobispo. Bartolomé Lobo Guerrero aceptó la orden del Presidente y se hizo presente con los médicos y cirujanos, quienes no encontraron señales de veneno ni de violencia física. El dictamen fue que se trataba de un deceso natural.

Aquel período fue uno de los más difíciles y oscuros de la historia de la ciudad. Sus habitantes imaginaron a doña Ana de Mesa como protagonista de los peores crímenes, secundada por oidores y otros funcionarios. Se rumoraba de robos continuados a la hacienda real, de corrupción desmedida de los oidores y de connivencia del Presidente Sande. En todos estos manejos no dejaban de involucrar al demonio, y circuló la especie de que un grupo de herejes se había tomado la dirección de Estado. Frente a tanta maldad, los ciudadanos clamaban ante el Arzobispo para que la Corona autorizara por fin el funcionamiento de un tribunal de la Inquisición en Santa Fe. Juan de Urbina no creía que las cosas hubieran llegado tan lejos. Empero, conocía irregularidades que sin duda marcaban un deterioro de la moral pública, respecto de las cuales, por desgracia, él mismo estaba involucrado. Tenía conocimiento de los amores secretos del oidor Luis Enríquez con la mujer de don Diego Montalvo. De los escándalos nocturnos y el comportamiento irrespetuoso con las damas en la iglesia de un grupo de jóvenes solteros, parientes cercanos de los oidores Antonio de Villarreal, Francisco Herrera Campusano y Juan de Villanova. De la sustracción de fondos públicos por el contador Juan de Lastre. Lo que más lo atormentaba, sin embargo, era que él, Juan de Urbina, siendo empleado oficial, y a sabiendas de las normas vigentes, insistió y fue autorizado para contraer matrimonio con Ana Teresa de López Sandoval, la hija de un capitán al servicio de la Corona.

Borja comenzó su labor entrevistando a los funcionarios españoles con el objeto de ganarse su colaboración y para descubrir y neutralizar posibles enemigos. Sin embargo, no se responsabilizó directamente por la investigación de los delitos ocurridos durante la presidencia de Sande, porque tal función fue asignada por la Corona a don Álvaro de Zambrano, quien arribó poco después en Santa Fe.

El siguiente asunto fue el estudio del territorio bajo su responsabilidad. La Nueva Granada constaba de los corregimientos de Funza, Tocaima y Mariquita; las gobernaciones de Cartagena, Santa Marta y Los Dos Ríos (o gobernación de Antioquia, como ya comenzaba a llamarse); los territorios de la Guyana, los Muzos, la Grita, y los al norte y al oriente de Popayán. (La costa del Pacífico, incluido el Chocó, pertenecía a Quito). La parte más desconocida era La Guyana, que algunos denominaban "El Dorado". Comprendía llanuras y selvas impenetrables atravesadas por grandes ríos como el Orinoco y los tributarios del Amazonas. Este desconocimiento generaba un estado de zozobra por la posibilidad de que los ingleses, remontando tales ríos, llegaran hasta el corazón de la Nueva Granada, como ya lo había intentado Raleigh. Allegó los mapas disponibles —que poco le sirvieron por estar mal trazados y tener demasiados vacíos— y convocó a quienes hubiesen recorrido aquellos espacios para enterarse, de viva voz, de los climas, ríos y montañas, ciudades y pueblos, caminos, minas y encomiendas, con lo cual se formó una imagen aproximada de las posibilidades y necesidades de su administración.

La situación más preocupante tenía que ver con las tribus indómitas que habitaban el Reino: los pijao, carare, yaregui y otras. Al considerar los mapas y las declaraciones recibidas, se dio cuenta de que, tal como venían clamando muchos desde hacía años, los pijao constituían el mayor peligro, y, por lo tanto, pacificarlos o destruirlos tendría que ser la primera prioridad de su gobierno.

Se ocupó también de otras necesidades menores. Ordenó que se cobrara la alcabala en todo el territorio —ya que solo tributaban Santa Fe, Tunja y Pamplona— e incluyó a los negros, mulatos y zambos entre quienes debían tributar. Ordenó la construcción de una cárcel en la capital y dictó disposiciones relacionadas con la venta de oficios y las funciones de alcaldes y corregidores.

Don Álvaro de Zambrano continuó con las investigaciones que Núñez de Villavicencio tenía a su cargo antes de morir. En poco tiempo esclareció incidentes menores, pero nunca llegó a conclusiones definitivas sobre los hechos mayores. Fue Álvaro de Zambrano quien puso en evidencia la falla cometida por Juan de Urbina al casarse con la hija del capitán López de Sandoval. Aunque supuso tráfico de influencias y manejos indebidos en la contaduría, no logró formular acusación diferente a la del mero casorio. Urbina, López de Sandoval y los implicados en otros delitos debieron concurrir a un acto público en la Plaza Mayor, donde se impusieron las penas. Unos fueron condenados a presidio, otros a ser azotados; otros más a pagar multas. Urbina y López de Sandoval no recibieron pena distinta a la amonestación pública, aunque esta ya era lo suficientemente lesiva de sus respectivas honras. La peor sanción, sin embargo, fue para el difunto presidente Sande —incapaz de conocer el resultado terreno de sus actos—. Además de la deshonra que cubrió su memoria, sus herederos tuvieron que pagar una multa de 3.855 pesos.

Apoyado en su título de Capitán General, Borja convocó a las armas para iniciar la guerra contra los pijao. La leva se leyó en plazas e iglesias en varias ciudades y en pocas semanas se configuró una extensa lista de españoles dispuestos a empuñarlas. Muchos poseían lanzas, espadas, armaduras y arcabuces que habían demostrado su efectividad desde la época de la Conquista. Ahora se trataba de limpiarlas y ponerlas nuevamente en uso. Borja, por su parte, había traído de España un buen número de mosquetes y pistolas de perdigón. Los mosquetes habían sido desarrollados recientemente; eran más ligeros y fáciles de disparar, y tan efectivos, que sus perdigones traspasaban las armaduras. Las pistolas también eran un desarrollo reciente. Se trataba de un arma basada en los mismos principios del mosquete, pero mucho más pequeña y fácil de llevar, ideal para la defensa personal de los comandantes. Los contadores se dieron a la tarea de inventariar armas, pertrechos, ropa, vituallas, bestias de silla y de carga, indios y negros disponibles y demás elementos, incluyendo buena cantidad de cadenas y colleras para el caso de que se tomaran prisioneros. Borja impuso contribuciones a comerciantes y encomenderos ricos y organizó una partida de reconocimiento del territorio pijao, compuesta por doscientos hombres a órdenes de don Domingo de Erazo, gobernador de los Muzos y Colimas, con el propósito adicional de establecer un fuerte militar o "presidio" en el Alto Magdalena. Allí iban a reunirse las tropas de asalto. Ordenó también al gobernador de Popayán organizar un ejército y prepararse para el ataque, de tal manera que la campaña se hiciera simultáneamente desde los dos flancos.

Esta leva le abrió nuevos horizontes a Juan de Urbina, quien recordó que respondiendo a un llamado similar en Sevilla había encontrado la manera de viajar al Nuevo Mundo. Aún no se reponía de la muerte de su esposa, llevaba en el alma el dolor de la amonestación recibida y sentía que la vida en Santa Fe era insufrible. La moral pública había quedado mancillada con los escándalos del gobierno del presidente Sande, a quien había servido lealmente, y temía que en cualquier momento las investigaciones fueran a revelar hechos aún más vergonzosos. Aunque tenía limpia su conciencia, le temía, como todos los servidores de la Corona, a los visitadores, a los juicios de residencia, a las acusaciones anónimas de enemigos oscuros, a las consejas que cualquier recién llegado pudiera levantar en su contra. La honra no era solo un sentimiento de limpieza interior sino, y de manera más importante, la imagen pública, siempre sensible al qué dirán y a las apariencias engañosas. Con su ingreso a la armada de Borja restituía su honra y le prestaba un nuevo servicio a la patria.

Pero, ¿quiénes eran los pijao?, ¿dónde habitaban?, ¿cuál iba a ser su papel en esa guerra? Juan de Urbina se preparaba para alistarse como militar y en su mente se agolpaban las preguntas. Necesitaba la aquiescencia del presidente Borja, y, una vez obtenida, arreglar sus asuntos personales, poner en venta su casa de habitación y sus pertenencias, hacer entrega del cargo en la contaduría y proveer por el bienestar de su hijo Antonio María, mientras durare su ausencia. Se alegró cuando supo que Antonio de Arnalte también se preparaba para partir. Entretanto, se puso en contacto con quienes en la ciudad podían darle informes sobre aquellos nativos que todos consideraban salvajes. Desde hacía poco más de un año había llegado un fraile a Santa Fe, Pedro Simón, quien escribía una vasta crónica. A pesar de ser recién llegado, había reunido cantidad de noticias sobre los pijao. Juan de Urbina visitó al fraile y se hicieron amigos. Él también quería acompañar al presidente Borja; era la oportunidad para redactar de primera mano los hechos de aquella campaña. De modo que serían compañeros y se sintieron comprometidos en esa empresa grandiosa que iba a llenar de gloria al presidente Borja y a los esforzados españoles que lo secundaran.

Según le informó Pedro Simón a Juan de Urbina, los pijao habitaban un extenso territorio que limitaba por el este con el río Magdalena, por el norte con los ríos Coello y Saldaña, por el oeste con las tierras cercanas a las ciudades de Cartago y Caloto y por el sur con el río Páez y la montaña del Puracé. Aquella extensión era inmensa y estaba ubicada nada menos que en el corazón de la Nueva Granada. Era una tierra de montañas, nevados y volcanes, de hondos valles, empinadas mesetas, horrendos precipicios. Los caminos eran pocos y difíciles. Los españoles desconocían aquella topografía y, en cambio, los indígenas la conocían en sus menores detalles, lo que les daba una ventaja palmaria. Se suponía que era una tribu numerosa, compuesta por muchas familias, cada una con su cacique y localización específica. Tenían, además, fama de astutos y valientes. Atacaban no solo a quienes se aventuraban por sus territorios sino a los habitantes de ciudades cercanas como Cartago, Buga, Ibagué y Tocaima, y a los colonos pacíficos del valle del Magdalena. Juan de Urbina pensaba que se requería una guerra de sometimiento como la que habían llevado a cabo en otros lugares del país; aunque a una escala mayor. Pedro Simón no estuvo de acuerdo; lo que se requería era una guerra de exterminio: los pijao eran caníbales, es decir, bárbaros, lo cual significaba que no tenían alma humana y por lo tanto debían ser tratados como bestias salvajes.

Juan de Urbina dedicó un buen tiempo a reflexionar sobre esta situación. En sus conversaciones con Arnalte hablaban sobre el canibalismo de los pijao. Habían escuchado la historia innumerables veces. La contaban las viejas al lado de los fogones, la repetían los abuelos a los jóvenes para que fueran precavidos cuando andaban de viaje, la traían los viajeros y colonizadores, que a su vez la habían escuchado de otros viajeros y otros colonizadores. Hasta ese momento no conocían ningún testimonio directo: alguien que hubiera visto con sus propios ojos un acto de canibalismo en la Nueva Granada. Al preguntarle a Pedro Simón, este tenía que reconocer que él tampoco lo había presenciado. Eso no significaba, por supuesto, que no existiera o hubiese existido. Juan de Urbina pensaba que, en tal caso, sin duda se trataba de algún episodio rarísimo, tal vez de carácter ceremonial. Notó que no se hablaba de canibalismo respecto de indios sumisos, plegados a la voluntad del dominador. En cambio, cuando eran rebeldes, de inmediato se les endilgaba el apelativo. El Rey había promulgado innumerables normas para proteger a los indios. En ellas no se distinguía entre caníbales y no caníbales. Pero si por la acumulación de "testimonios" se llegara a "demostrar" que alguna tribu lo era, los militares españoles —más ahora que se preparaban para una guerra de amplias proporciones— tenían en sus manos la mejor justificación legal para aplicar la más dura política de tierra arrasada, para proceder con la mayor sevicia. De ahí su interés e insistencia en propagar la especie. Otra posibilidad, según pensó Juan de Urbina, era que se trataba de una patraña inteligente —un mecanismo de defensa— montada por los mismos indios. Se decían caníbales para atemorizar a los recién llegados de España. Sabían que lo único que los asustaba, lo único que contenía su ambición, era el peligro de ser devorados por otro ser humano. Juan de Urbina se cuidó de expresar estas dudas; ni siquiera se las manifestó a Antonio de Arnalte. Necesitaba, ante todo, limpiar su propio nombre y demostrar fidelidad al Rey y a la religión, y apresuró sus preparativos para partir con el ejército.

Entonces se recibieron noticias nefastas. Los pijao acababan de atacar la ciudad de Ibagué. Cometieron un alto número de asesinatos. Quizás la encontraron desguarnecida. Aunque no hubo acusaciones de canibalismo, la noticia enardeció los ánimos de los combatientes y se apresuró la partida del grueso de las tropas.

A la cabeza marchó don Juan de Borja rodeado de su estado mayor y seguido por quinientos españoles, muchos de ellos famosos: caballeros del hábito de Santiago, altos funcionarios del gobierno, licenciados y escribanos, médicos y barberos, encomenderos ricos, gentilhombres, comerciantes, militares, soldados; capellanes, presbíteros y frailes. Vestían sus mejores galas; sus monturas lucían sus mejores aperos; sus armas brillaban bajo el sol de la mañana. Todos habían contribuido con vituallas, cabalgaduras, bueyes y ganado, indios y esclavos, municiones, mantas, ropa y alpargatas, dinero en monedas y oro en lingotes. Todos se sentían orgullosos de prestarle este servicio al Reino y muchos estaban dispuestos a arriesgar su fortuna y su vida en la empresa. Seguía una retaguardia de varios centenares de esclavos e indios cargueros. Fue el 27 de enero. El historiador Manuel Lucena Salmoral registró aquel acontecimiento como "la marcha del primer ejército verdadero que vieran aquellas tierras".

Les tomó un mes llegar al fuerte o presidio que ya ostentaba el nombre de San Lorenzo, construido por Domingo de Erazo y sus hombres en el sitio de Chaparral. Por esos mismos días llegaron los destacamentos provenientes de otras ciudades como Mariquita y Santa Fe de Antioquia. Una vez reunidas las tropas y luego de unos días de descanso, Borja organizó tres frentes. Envió a la provincia de Amoyá —que parecía la más poblada y rebelde— dos compañías, una comandada por Francisco de Poveda y la otra por Antonio de Olalla. A la región de Maito, Cacataima y Molú —al noreste de Chaparral— una comandada por Diego de Ospina y Medinilla. Y a la de Ambeima, otras dos comandadas por Bernardino de Mojica y Martínez del Busto.

Diego de Ospina llegaba a San Lorenzo de Chaparral procedente de Santa Fe de Antioquia; era hijo de don Francisco Martínez de Ospina, quien fuera capitán y justicia del Valle de Upar, conquistador de San Juan de Rodas y fundador de la ciudad de Remedios. Diego se familiarizó desde niño con las conquistas, guerras y negocios de su padre, y, ya mayor, heredó no solo su fama sino también minas y extensos territorios entre las ciudades de Cáceres y Zaragoza. Estaban localizados en el norte de la provincia de Antiochía o Antioquia, en la margen oriental del río Cauca, no lejos de su desembocadura al Magdalena. En ellos había indios y esclavos numerosos que trabajaban las minas de oro más ricas del país; ganados y extensos sembrados de caña. Diego resultó aguerrido. Redujo por su cuenta a los indios Pantágora que asolaban sus tierras. Contribuyó con una tropa de soldados para defender a Cartagena del ataque de Drake. Sometía a los negros que con frecuencia se sublevaban en sus tierras y los perseguía cuando huían a la selva para formar palenques. Pagó la asombrosa cifra de treinta mil ducados por el cargo de Alguacil Mayor y cuando el presidente Borja levantó la leva para combatir a los pijao, se presentó con una numerosa tropa de soldados e indios. La compañía que iba a comandar ahora hacia Maito, Cacataima y Molú estaba compuesta por cien españoles y treinta indios cargueros. Sus capitanes eran Gómez Suárez de Figueroa, Juan de Zárate y Félix de Rojas. El padre Andrés de Aspitia fue nombrado capellán. Juan de Urbina, a quien se le reconoció el grado de sargento, fue asignado a esta compañía y quedó a las órdenes del capitán Gómez Suárez de Figueroa. Antonio de Arnalte quedó a órdenes de Juan de Urbina. Fray Pedro Simón, por su parte, rehusó participar en alguna de estas compañías y prefirió permanecer en el fuerte de Chaparral, al lado del Presidente Borja, con el objeto de tener noticias sobre el desarrollo general de la contienda. Entre los indios que acompañaban a Diego de Ospina había cinco de raza pijao procedentes de Ibagué. Estaban catequizados, trabajaban con familias de esa ciudad y se habían ganado la confianza de los españoles. Iban a servir de traductores y guías. Ospina dividió a sus hombres en tres grupos, cada uno comandado por su respectivo capitán. Para disminuir el riesgo de emboscadas, los grupos marcharían separados, pero sin alejarse demasiado entre sí, para que se prestaran ayuda en caso de un ataque enemigo.

Entonces se dirigieron al río Tetuán. Durante varios días avanzaron sin percance, pero una tarde, de repente, uno de los guías de Gómez de Figueroa dio la voz de alerta: una partida de indios se les venía encima. La escaramuza fue breve porque los hombres de Félix de Rojas acudieron de inmediato. Sin embargo, murió el soldado Roa y quedó herido el sargento Francisco de Mendoza, compañero de Juan de Urbina. Los indios escaparon, pero uno de ellos fue hecho prisionero. Lo sometieron a interrogatorio bajo tormento y luego lo ejecutaron. Muy poco le lograron sacar: que la tribu era numerosa, que estaba comandada por el cacique Calarcá y que, en consecuencia, todos los españoles iban a morir.

De Calarcá ya tenían noticias. Se habló mucho de él en San Lorenzo de Chaparral antes de la partida. Era joven, había aprendido el castellano en una misión cercana de Ibagué, de la cual había escapado, y, desde entonces se distinguía por los ataques sanguinarios y audaces. Según los informes disponibles, Calarcá estaba en Amoyá, razón por la cual Borja había reforzado las compañías que marchaban hacia esa zona. Por eso, la noticia de que Calarcá podía estar más bien por los lados de Maito, puso de ánimo sombrío a Diego de Ospina.

Aquél primer incidente era una llamada de atención. Juan de Urbina y sus compañeros se dieron cuenta de que la situación podía tornarse difícil, sobre todo por aquella topografía tan hostil. Pero Ospina logró mantener el ánimo de sus hombres y terminaron de reconocer las márgenes del río. Luego, Ospina decidió que era hora de iniciar el ascenso de la cordillera. Las altas cumbres de las montañas brillaban bajo el sol en las mañanas despejadas. Pero al avanzar el día, las nubes las cubrían hasta cerrar toda visibilidad. En ocasiones los vapores eran tan espesos que era difícil encontrar el camino y los hombres tenían que marchar cerca unos de otros para evitar perderse en el boscaje. Seguían un sendero tallado en la roca, que por lo general permanecía oculto entre la niebla. Iban ascendiendo entre peñascos y desfiladeros cuya verdadera dimensión solo podían establecer cuando el viento dispersaba los vapores. Marchaban en fila por una zona que parecía deshabitada, acostumbrándose poco a poco a ese aire cada vez más frío, cada vez más delgado. Ya en lo alto, cuando el clima lo permitía, aquellos españoles se maravillaban del paisaje grandioso que podían apreciar desde los salientes de la montaña. Allá estaban los valles del Magdalena densamente cubiertos de vegetación y el río majestuoso culebreando hasta el confín. Y, más allá, bajo una capa etérea y vibrante, el perfil imponente de la cordillera oriental.

Juan de Urbina disfrutaba aquellos momentos de esplendor y admiraba aquella vegetación única y aquella topografía virgen. Sostenía con Antonio de Arnalte largas conversaciones sobre lo que estaban descubriendo y sobre los incidentes de cada día. Cada uno llevaba en sus hombros el mosquete, en el cinto la espada, y en la mano un bordón largo como una lanza con el cual se apoyaban para subir o bajar de barranco en barranco. Al avanzar el día sus cuerpos transpiraban en abundancia, pero sus músculos se sentían vigorosos. Cada día aumentaban la resistencia y, si no fuese por el peligro de emboscadas y combates, pensarían que se trataba del paseo más agradable de que tuvieran recuerdo. Juan de Urbina meditaba en lo equivocado que estuvieron él y sus amigos notables de Tunja cuando redactaban la súplica al Rey y hablaron del clima. Era falso que los españoles no pudieran trabajar en aquellos territorios. Ya fuese en las sabanas ardientes a las orillas del río Magdalena o en lo alto de la cordillera central, tanto él como los soldados que lo acompañaban podían fácilmente resistir largas caminadas, transportar cargas, levantar empalizadas, tender puentes improvisados sobre los desfiladeros y todavía sentirse con ánimo de combatir al enemigo más fiero. Era cierto que en las tierras bajas la respiración parecía más fácil que en las altas, que el sudor era copioso y los rayos del sol abrían la carne. En las altas, la sutileza del aire era mayor; al principio daba trabajo respirar, pero luego se acostumbraban al viento frío y a los rayos también abrasadores sobre la piel. Poco a poco el cuerpo se adaptaba a aquellas jornadas y en pocas semanas se sintieron capaces de emprender cualquier marcha, cualquier labor que les fuera encomendada. Se propuso que si algún día tenía que escribir otra súplica al Rey sobre la vida en estos territorios, sus razones sobre el clima y la resistencia de los españoles iban a ser distintas.

Una tarde, ya cansados de la larga jornada, tuvieron un nuevo incidente. El sendero se internaba por una pequeña garganta entre dos rocas; era un paso difícil y allí se agolparon varios hombres ayudándose unos a otros, entre ellos Juan de Urbina. Estaban tan enfrascados en la labor que no se percataron de los ruidos que venían de lo alto. De repente, uno de ellos comenzó a gritar: eran víctimas de una emboscada. Arriba, muy arriba en la roca, ocultos entre los vapores, los indios echaban a rodar cantidad de piedras de regular tamaño, que caían con gran estrépito por la pendiente y amenazaban sepultarlos. Juan de Urbina soltó el bordón y saltó como pudo sobre sus compañeros, buscando resguardarse. Alcanzó el lado contrario de la roca, el del abismo, y estuvo en grave peligro de caer. Quedó colgando, aferrado a una saliente. Sus compañeros recibieron los primeros guijarros mas lograron desplazarse lo suficiente para no morir aplastados. Uno de ellos, empero, recibió una piedra en la espalda que lo dejó baldado por varias semanas.

Continuaron el camino cuidando de no aglomerarse para no ser blanco fácil. A partir de allí, la amenaza de emboscadas de piedra se volvió una obsesión. Ospina ordenó extremar las precauciones, e interpretó el incidente como una señal positiva: se acercaban a una región habitada y, por lo tanto, debían prepararse para los verdaderos combates. En efecto, dos días después desembocaron en una meseta donde encontraron una sementera de maíz. De inmediato pusieron en ejecución las órdenes recibidas del presidente Borja: incendiarla. Nada más simple: aquellas cañas medio-secas, coronadas por mazorcas y espigas doradas próximas a ser recogidas, ardían de inmediato, a una velocidad asombrosa. Los españoles gritaban de contento al ver elevarse las llamas entre las nubes del atardecer. El propósito era cercar a los naturales por hambre: debían destruir sus fuentes de alimentación.

A partir de ese día la escena se repitió. Ya habían logrado cierto conocimiento del medio. Mientras unos soldados procedían a la destrucción de los sembrados, otros se emboscaban para defender a sus compañeros en caso de ataque. Los indígenas, ante la destrucción de que eran víctimas, se lanzaban cegados por la ira y de manera desordenada, sin percatarse de los efectivos ocultos en el boscaje. Entonces sonaban los disparos de pistolas, arcabuces y mosquetes y muchos indios quedaban tendidos entre las cañas de maíz, que poco después eran arrasadas por el fuego.

En una ocasión, Gómez Suárez de Figueroa y sus hombres dieron con un camino más amplio. Ospina los autorizó para que se internaran por él con el objeto de explorarlo y les fijó un punto de encuentro a donde debían concurrir a más tardar en cinco días. Gómez Suárez de Figueroa, Juan de Urbina, veinte y seis españoles más —Antonio de Arnate entre ellos— y diez indios cargueros —entre los cuales había dos traductores— avanzaron sin novedad hasta que, al fin del segundo día y al llegar a la cima de un cerro, divisaron un bohío grande junto a un arroyo. En una pequeña explanada había adultos y niños. Los españoles se escondieron y esperaron a que cayera la noche para atacar. Pero no fue necesario porque poco después comenzó a llover con gran fuerza, con lo cual los indios se recogieron en el bohío. Gómez Suárez de Figueroa, viendo que estaban desprevenidos, decidió atacarlos antes de que terminara la lluvia. Invocando a su santo protector dijo: "Santiago, a ellos", y se puso a la cabeza de sus hombres. Lo siguieron

Juan de Urbina, Antonio de Arnalte y los demás. Al llegar al bohío lo rodearon en silencio. Sin necesidad de disparar, y todavía a la luz del día que ya agonizaba, tomaron presos a cuatro indios y tres indias con sus criaturas, los metieron en las colleras y dejaron uno de los hombres para darle tormento. Amenazándolo de muerte, le preguntaron si había más casas habitadas en los alrededores. Dijo que sí, y que él los llevaría donde había muchos indios. Gómez Suárez de Figueroa sabía que su mejor arma era la sorpresa y que tenían que proceder de forma inmediata. Había dejado de llover, ya caía la noche, y tras la montaña se elevaba una luna creciente iluminando los contornos. Guiados por el indio, tomaron una cuesta abajo por más de media legua, y llevaron entre ellos a los indios prisioneros atados por las colleras. Luego subieron otra, también por cerca de media legua. En cierto momento, las indias que llevaban criaturas en sus brazos comenzaron a pellizcarlas haciéndolas llorar, sin duda para que el llanto alertara a los indios que los españoles trataban de sorprender. En vista de lo cual, Gómez Suárez de Figueroa ordenó que los indios presos se devolvieran hasta un recodo del camino, y que allí quedaran acompañados de los cargueros y de seis españoles para vigilarlos. Los demás continuaron ascendiendo en silencio hasta lo alto de la loma, donde encontraron cuatro bohíos. El lugar, bañado por la luz pálida de la luna, parecía solitario. No había guardianes: la lluvia de la tarde había propiciado el sueño plácido de todos los habitantes. Gómez Suárez de Figueroa dispuso el ataque. Ordenó a seis hombres que lo acompañaran para entrar en el bohío mayor. Otros nueve hombres, organizados de tres en tres, debían atacar los demás bohíos. Los demás españoles quedaron al mando de Juan de Urbina, con los arcabuces y mosquetes dispuestos, y con instrucciones de reforzar a cualquiera de los grupos que lo necesitara o de ejecutar a los indios que pretendieran escapar. La acción se inició simultáneamente. Gómez Suárez de Figueroa encontró cerca de veinte indios en el bohío mayor y comenzó a acuchillarlos. Los otros grupos encontraron también buen número. Los que salían despavoridos cruzaban bajo la luz de la luna y allí eran alcanzados por los perdigones. Sin embargo, un número indeterminado logró escapar al monte. Un indio anciano fue tomado prisionero, resultó ser el cacique y Gómez Suárez de Figueroa ordenó que fuera empalado esa misma noche.

El amanecer puso en evidencia la magnitud del triunfo. Habían muerto más de cuarenta entre indios, indias y niños. Ranchearon los bohíos y encontraron una espada española, una bacinilla de plata, un pedazo de oro fundido, medias de seda, sábanas, frazadas, camisas, calzas, capuchas y otros elementos de origen español, tomados por los indios en sus ataques. También encontraron tinajas con chicha, algodón sin hilar, mazorcas, ollas, bureles, jarros, totumas y calabazas. Pero el hallazgo más sorprendente ocurrió en el bohío más pequeño. Antonio de Arnalte condujo allí a Juan de Urbina. En un rincón había huesos que parecían de niño: un brazo y un muslo. Estaban a medio asar y a medio roer, con pedazos de carne y nervios todavía adheridos. Antonio de Arnalte y Juan de Urbina estuvieron mirándolos en silencio por largo rato, sin atreverse a musitar palabra. Se trataba de una prueba irrebatible de canibalismo. Pensaron en fray Pedro Simón y sus historias sobre el tema; era una realidad a la que ya no podían negarse. Entonces fueron a llamar a Suárez Gómez de Figueroa quien, al ver los huesos, les dijo: "esto es para que tengan cuidado. El español que caiga en manos de estos bárbaros, ya sabe a qué atenerse". A continuación ordenó incendiar los bohíos y una roza aledaña, y partieron dejando los muertos al arbitrio de las aves de rapiña, para cumplir con el plazo fijado por Diego de Ospina.

Pero la acción apenas comenzaba: no habían avanzado mucho cuesta abajo cuando, al llegar a un pajonal, de repente se encontraron con indios que los esperaban a lado y lado del camino, dispuestos a dar batalla. Juan de Urbina nunca supo cuántos eran, porque estaban semiocultos entre la maleza. Sin duda los que habían huido convocaron a los habitantes de caseríos vecinos, reuniéndose una buena cantidad. Los indios prorrumpieron en alaridos y procedieron a arrojar flechas y lanzas sobre los españoles. El ataque fue tan inesperado que dos españoles que iban bajo las órdenes de Urbina fueron alcanzados en el pecho. Los demás españoles se diseminaron entre el follaje e hicieron retumbar los arcabuces y los mosquetes. Juan de Urbina y Antonio de Arnalte peleaban juntos, guardándose mutuamente las espaldas. Estaban cargando los mosquetes para una segunda descarga cuando una partida de indios se les echó encima. Juan de Urbina utilizó su arma para golpear a sus atacantes. Antonio de Arnalte corrió con otra suerte: lo agarraron, desarmaron y se lo llevaron a la fuerza. Pudieron, sin embargo, cruzarse las miradas. Juan de Urbina nunca olvidaría en sus noches de desvelo los ojos de su amigo transidos por el terror. Entre tanto, los seis españoles que habían quedado al cuidado de los presos escucharon los disparos y rápidamente acudieron. Como no eran esperados, los atacantes se vieron sorprendidos por la espalda y escaparon por el bosque.

Una vez reunida la partida, Gómez Suárez de Figueroa se enteró de las pérdidas: dos soldados muertos, Antonio de Arnalte tomado prisionero y otros cuatro soldados heridos por lanza, aunque sus heridas no parecían de gravedad. El resultado lo sumió en la pesadumbre y la cólera. En venganza, ordenó ejecutar a los indios, indias y criaturas que tenían presos, cortándoles las cabezas por el borde de las colleras.

En las semanas siguientes hubo emboscadas, escaramuzas y encuentros con partidas numerosas de indios. Tuvieron nuevas bajas y nunca más recibieron noticia de Antonio de Arnalte, por lo cual ya no dudaron de la suerte terrible que había corrido. Juan de Urbina fue el más afectado: ahora sentía por los pijao un odio atroz y se dedicó a combatirnos de la manera más fiera. Sus compañeros compartían sentimientos similares; el daño que les hacían a los indios era enorme y la superioridad de los españoles se impuso. De repente, la zona quedó deshabitada. De tarde en tarde encontraban alguna familia perdida entre el bosque que ya no les prestaba resistencia. En las reuniones de capitanes analizaban la situación: los indios no lograban organizarse en un ejército. ¿Dónde estaba Calarcá? Tal vez el torturado en el río Tetuán les había mentido; en esa zona no existía un cacique que pudiera dirigir y organizar una resistencia de importancia. Pero ya la tropa se sentía cansada de tanto vagar por montes y peñascos y Ospina ordenó construir una empalizada triangular en la cercanía de Maito, donde pudieran reponerse. La tropa se alegró. La empalizada estuvo lista en poco tiempo y en su interior levantaron ranchos, una pequeña capilla y otras comodidades. Una vez terminadas las construcciones hicieron el inventario de la tarea realizada y de los recursos con los que contaban. Entonces Ospina comprendió que los españoles eran tan vulnerables al hambre y a la falta de suministros como sus enemigos. Las vituallas, armas, pólvora y perdigones, ropa y demás elementos eran pocos y, aunque la situación no era desesperada, se hacía necesario pensar en el reabastecimiento. Tenían que replantear la labor: organizaron un sistema de guardia permanente; una parte de la tropa continuó sus labores de ranchería por los lados de Cacataima y Molú, con resultados poco satisfactorios; otra parte se dedicó a la caza y a la recolección de alimentos, lo cual dio, por el contrario, excelentes resultados: en pocos días se cazaron venados, puercos, saínos, guadatinajas, conejas. Las trampas y los lazos aparecían colmados de torcazas, perdices, tórtolas y cantadoras. Ahumaban la carne de montería y volatería y las provisiones aumentaron. En las vecindades de los rancheríos incendiados y por las orillas de los ríos encontraron mazorcas de maíz, caimitos, mamones, jobos, piñuelas, membrillos, ají, auyamas, patatas. También naranjas, cidras, coles, rábanos, cebollas, plátanos, fríjoles, yuca y casabe. Y poseían botijas y tinajas con abundante chicha confiscada a los indios.

El punto preocupante, sin embargo, fue el inventario exiguo de armas, pólvora, perdigones, cuchillos, medicinas, mantas, calzado y otros elementos esenciales para el bienestar y seguridad de la tropa, lo cual motivó a que los capitanes decidieran enviar a un grupo de españoles y cargueros hasta el presidio de Chaparral. Fue escogido Félix de Rojas para comandarlos. Tenía varios objetivos: comunicar al presidente Borja el éxito de la guerra en aquella parte de la cordillera, renovar la tropa, obtener nuevas provisiones y elementos y recibir órdenes sobre la siguiente etapa.

Pero mientras se preparaba la partida, varios soldados cayeron enfermos de calenturas y diarrea. Sin duda el problema se generó por el cambio de alimentación, que ahora incluía gran cantidad de granos fermentados, chicha y frutas de monte. En vista de lo cual, Diego de Ospina suspendió las batidas por Cacataima y Molú, aumentó el número de soldados que debían marchar a Chaparral —para disminuir el número de bocas en el fuerte—, incluyó en la partida a los capitanes Gómez Suárez de Figueroa y Juan de Zárate, los instó para que partieran de inmediato y argumentó que él y Juan de Urbina, con la ayuda del capellán Andrés de Aspitia, eran suficientes para comandar el grupo de treinta soldados y algunos indios que iban a permanecer en el fuerte de Maito.

Unos días después aparecieron grupos de mujeres con niños en las orillas de las quebradas. Huían por el bosque cuando los soldados se les acercaban. Un soldado capturó una moza junto a un manantial y la llevó al fuerte. Fue presentada al capitán Ospina e interrogada con la ayuda de traductor. Dijo que los hombres de la tribu habían escapado y que muchas mujeres y niños habían quedado abandonados. Diego de Ospina le creyó, porque esta noticia le daba tranquilidad, y porque las evidencias así lo parecían; le ofreció provisiones y la dejó partir.

Luego, la abundancia de mujeres se hizo más notoria. Algunas eran atractivas. Los soldados las perseguían para poseerlas y al día siguiente aparecían más. A Diego de Ospina y Juan de Urbina les entregaron las más frescas para luego jugarlas a las cartas para una segunda ronda. Juan de Urbina quiso gozar la que le ofrecieron, como antes lo había hecho en las inmediaciones de Tunja, y se lanzó sin escrúpulos sobre ella. En el momento crítico acudió a su mente el recuerdo de su amigo Antonio de Arnalte; sintió puesta en su espalda la luz de aquella última mirada oscura, sin esperanza, y ahora cargada de reproche. Allí mismo desapareció su deseo carnal. Y, mientras se incorporaba, escuchó las risas y comentarios soeces de sus compañeros de armas. En ese momento se sintió desdichado y humillado. Pero pasaron los días y el deseo regresó: el fantasma de Antonio de Arnalte no tenía porqué destruirle su vida. Siguió intentándolo con otras muchachas y la experiencia fue menos traumática. Sus compañeros lo alentaban y al final prorrumpían en hurras. Dueño de una segunda confianza en sí mismo, siguió participando en el festín. Bajaron la guardia y el portón del fuerte permanecía abierto.

Diego de Ospina sintió los primeros síntomas de diarrea. Su humor se tornó taciturno y temió que la situación se generalizara entre la tropa. Juan de Urbina permanecía a su lado. Desde el comienzo de la campaña habían hecho buena amistad y a veces sostenían largas conversaciones. Ahora, en la placidez de aquellos días, y mientras Diego de Ospina estaba adormecido por la calentura, Juan de Urbina abrió su corazón y le contó sobre la promesa al ermitaño Arsenio de la Cruz, la muerte de su esposa, sus infortunios en Santa Fe de Bogotá y su deseo de otear nuevos horizontes.

Diego de Ospina se incorporó en su lecho. Mostrando una energía que no tenía, afirmó que la campaña iba a terminar con éxito, que iban a salir airosos de aquel trance, que pronto los españoles habrían terminado con aquella tribu salvaje, que el Reino iba a estar en paz, y le ofreció la administración de una de sus minas más ricas, en la ciudad de Cáceres, al norte de la provincia de Antioquia. Juan de Urbina aceptó agradecido y se sintió más cerca de aquel hombre que le llenaba de admiración. Comenzó a actuar como su médico personal, le traía agua fresca y cuando su jefe se sumía en el sopor, vigilaba su sueño sentado en un tronco a la entrada del rancho.

A pesar de que ambos gozaron de las muchachas indias, ahora comenzaron a recelar de ellas. Ospina ordenó a sus hombres dejar de acosarlas y, en cambio, mantener sobre las que se acercaran una vigilancia estrecha. Los soldados protestaron. Ellas eran inofensivas y les alegraban la vida. Ya tenían ganada la partida, el grueso de la población indígena había muerto o emigrado a reductos mucho más lejanos. Dijeron que ahora lo que venía era un repartimiento de tierras y encomiendas, y daban por descontado que los destacamentos en las otras zonas de la cordillera también habían tenido éxito en su labor de sometimiento y exterminio.

Estaban equivocados. Los pijao, al percatarse de que la mayoría de la tropa había partido, se dispusieron a dar un golpe. Sin duda las mujeres que visitaron el fuerte comunicaban sus jefes la debilidad de la tropa española, la enfermedad de los soldados, el lugar donde yacía Diego de Ospina. Un amanecer se acercaron al fuerte cincuenta indígenas armados, a cuya cabeza marchaba Calarcá. Encontraron abierta la puerta y poca vigilancia en los alrededores. En el interior, Ospina seguía postrado y Juan de Urbina dormitaba bajo el sol de la mañana a la entrada del rancho. Calarcá ingresó por el portón principal. El capellán Andrés de Aspitia dio la voz de alerta. Varios soldados reaccionaron y lo cerraron; adentro quedaron seis guerreros, los demás no lograron entrar. Calarcá evadió cualquier combate y sin vacilaciones se dirigió al bohío del Capitán. Urbina no tuvo tiempo de desenvainar la espada. El indio se limitó a empujarlo, pues reservaba la lanza para el jefe superior. Esto le salvó la vida a Urbina, quien cayó al suelo dando voces de alarma. Calarcá ingresó en el recinto, pero la oscuridad interior lo desconcertó. Ospina, que había escuchado las voces, tenía lista su pistola y la disparó cuando vio la figura semidesnuda. Calarcá no alcanzó a echar su lanzada; recibió los perdigones en el pecho y cayó de espaldas. Los otros cinco indios también fueron abatidos. El resto de la tribu esperaba la orden de atacar, bajo el supuesto de que Ospina quedaba fuera de combate. Cuando supieron que, por el contrario, el muerto era Calarcá, se dispersaron silenciosos por la selva.

Es conocido el final de aquella campaña. Los demás destacamentos tuvieron triunfos similares en las otras zonas de la cordillera. Igual sucedió en los flancos occidentales atacados desde Popayán. La noticia de la muerte de Calarcá desmoralizó a los indios, quienes huyeron, ahora sí, hacia reductos escondidos. Cuando llegaron los refuerzos con provisiones y tropas nuevas enviados desde San Lorenzo de Chaparral, Ospina —recuperado de sus quebrantos de salud— prosiguió la guerra de manera más cruenta y devastadora. Muchos indios fueron tomados prisioneros, otros se entregaron. Eran sujetados por colleras y conducidos a San Lorenzo de Chaparral, y de allí enviados a encomiendas y minas en lugares lejanos del reino. Diseminados por el país, quedaron aislados, inermes; las familias desintegradas y los pijao exterminados como pueblo, reducidos a la esclavitud. La guerra parecía ganada, aunque pequeños grupos seguirían atacando de tarde en tarde a colonos y viajeros en las cercanías de Cartago, Buga e Ibagué.

En San Lorenzo de Chaparral estuvieron de fiesta por varias semanas. Hubo *Te Deum* y misas solemnes, procesiones, corridas de toros y juegos de cañas. El presidente Borja condecoró a los combatientes y les obsequió las mejores "piezas" capturadas: muchachos y muchachas indias que pasaron a ser siervos de los beneficiados. Por recomendación de Diego de Ospina, Juan de Urbina fue ascendido al grado de capitán y pudo escoger entre los prisioneros. Señaló una muchacha de no más de quince años, de larga cabellera oscura. El vizcaíno se sintió honrado y le juró fidelidad al rey, al presidente y a su comandante. Diego de Ospina permaneció al lado del presidente Borja, quien no lo dejó partir porque apreciaba sus servicios y lo tenía como a uno de sus capitanes de más confianza. (Unos años después, Ospina fundó la ciudad de Neiva en su lugar definitivo. Las dos fundaciones anteriores no habían prosperado). Juan de Urbina, en cambio, se dio de baja, se hizo a las cartas de nombramiento para la mina y de presentación para los funcionarios y notables de las ciudades de Cáceres y Zaragoza, y partió llevándose consigo a la moza, a quien hizo bautizar por el padre Aspitia con el nombre de Alina.

La partida de las tropas desde Chaparral hacia los demás lugares del reino agolpó en la orilla del río Magdalena, no lejos del fuerte, cantidad de capataces con indios que ofrecían los servicios de bogas. Alina y Juan de Urbina abordaron, con otros pasajeros, una de las primeras balsas en partir. Entonces la navegación fue un placer. Mientras se deslizaban suavemente por la superficie del río, los pasajeros disfrutaron de los paisajes maravillosos y ocuparon su tiempo en alegres conversaciones sobre el futuro promisorio que se avecinaba. La derrota de los pijao abría las comunicaciones con las ciudades del sur y permitía la colonización de extensas y ricas zonas. Los bogas permanecían sentados, uno en la proa y otro en la popa, atentos a los cambios y a las particularidades del río, ocupados solo en dirigir y mantener la balsa en el centro de la corriente. Sin embargo, vigilaban las cumbres de las cordilleras porque, cuando llovía en ellas, descendían hacia el gran río las aguas caudalosas que formaban remolinos y que fácilmente los hacían zozobrar. Entonces buscaban un lugar seguro en la orilla y esperaban horas o días a que pasara el peligro. En Honda descendieron los viajeros que seguían hacia Bogotá. Alina y Juan de Urbina continuaron hasta Barracabermeja y luego hasta la desembocadura del río Cauca. Allí cambiaron de embarcación para remontar este otro gran río, y llegaron sin percance a la próspera ciudad de San Martín de Cáceres.

Luego de posesionarse como administrador de la mina —distante una legua de la ciudad de Cáceres— Juan de Urbina inició el período más largo, estable y próspero de su vida. Las instalaciones eran incipientes pero proporcionaban comodidad y la vida se hizo amable y rutinaria. Aquella región era una extensa sabana cubierta de vegetación nativa que sin mucho trabajo podía despejarse para alimentar el ganado vacuno traído de España. La fertilidad de praderas y ganados era asombrosa y ya se veían grandes hatos. Había también cría de caballos cordobeses para el uso de los españoles y para las labores de las haciendas y las minas. Pero en la época de las lluvias, estas sabanas se anegaban y era necesario llevar los animales a las colinas. Aunque cundían los insectos, las serpientes y otras alimañas, las gentes estaban acostumbradas a lidiar con ellas.

San Martín de Cáceres había sido fundada cuarenta años antes. Su fundador, don Gaspar de Rodas —que ostentaba los cargos de gobernador y pacificador de la provincia de Antioquia— escogió el sitio en la margen oriental del río Cauca. La zona estaba cruzada por otros ríos de gran caudal como Tarazá, Corrales, Rayo, Man y Tamaná, que fueron definitivos para poblar la región. Por ellos ingresaban los conquistadores y colonos españoles, los mineros, los esclavos y los comerciantes de ganado. Unas leguas hacia el este, en las inmediaciones de la serranía de Sacramento y del Cerro Blanco, Gaspar de Rodas encontró enorme cantidad de oro, y determinó fundar otra ciudad que llamó Nuestra Señora de la Concepción de las Palmas del nuevo Zaragoza de Indias. El destino de ambas ciudades —Cáceres y Zaragoza— corría parejo, pero Zaragoza, a pesar de ser más joven, adquirió más importancia por ser más rica en oro, tanto que un año después de su fundación ya contaba con casa real de fundición y oficina del tesoro real, y allí era llevado el oro no solo de Cáceres, sino de otras localidades como Buriticá.

Los indios Pantágora, Nutabes y Tahamies habitaron aquellos territorios y presentaron resistencia con la llegada de los primeros españoles. También tenían fama de antropófagos, pero cuando arribó Juan de Urbina ya estaban diezmados y no ofrecían resistencia. Los que sobrevivían estaban hechos al trabajo de las minas y las haciendas y bogaban en el Cauca y demás ríos. Seguían muriendo con más frecuencia de la deseada, sobre todo en la época de lluvias, cuando corrientes enormes hacían zozobrar las canoas. Perseguían las vetas doradas por barrancos y socavones y desviaban arroyos y fuentes por conductos de madera para lavar el material. Además, trabajaban en las orillas de los ríos. Con el agua a las rodillas, hundían las bateas burdas en la arena del fondo, las sacaban colmadas, les imprimían un movimiento circular para que el agua derramara por los bordes arrastrando el material liviano, hasta que quedara en la batea el preciado hilo de polvo, brillante como el albor de la aurora.

A medida que disminuía la población indígena aumentaba la de esclavos negros. Éstos, sin embargo, no eran tan sumisos. Se alzaban en el momento menos esperado, atacaban a sus amos para asesinarlos y huían hacia las montañas para fundar palenques. La consigna era imponer castigos ejemplares a los culpables para amedrentar a los demás. Las partidas de búsqueda tenían mucho de aventura de caballerías: los capataces eran jóvenes españoles, altaneros y valientes, que, armados de ballestas y jinetes en buenas cabalgaduras, trajinaban las praderas y penetraban en las selvas en busca de los fugitivos. Los cazaban con perros, como si fueran fieras, y, una vez cazados, les propinaban azotes, cepo, calabozo, corte de orejas, castración, según la gravedad de la falta. A los reincidentes los ajusticiaban.

El hecho más sangriento había ocurrido un buen número de años antes, en 1590, y aún se recordaba como un acontecimiento que en cualquier momento podía repetirse en forma más catastrófica: una sublevación general que inflamara todo el territorio de la Nueva Granada. Por eso, los españoles vivían en permanente zozobra; sabían los peligros a que se exponían con el trato duro a los esclavos, pero no encontraban otra manera de manejarlos, sobre todo porque se trataba de mantener las minas en funcionamiento y de producir el oro necesario para satisfacer las exigencias de la Corona.

Alina entró a ser parte del grupo de mujeres de distintas tribus al servicio de la mina y las haciendas; fue bien recibida; pronto mejoró su conocimiento del castellano y se hizo a las nuevas rutinas. Por ser la preferida del amo era respetada y podía moverse con libertad. Resultó una cocinera de dotes excepcionales: sus guisos fueron alabados por el justo punto del aderezo y por la abundancia de viandas en la olla podrida. Se desvivía por su señor y aprendió a preparar viudos de pescado, bollos de plátano, "motetes", mazorcas, arroz con coco, ponche ahumado y guisos de tortuga. Sin embargo, el mejor servicio se lo prestaba en las noches, cuando lo acompañaba en el lecho para mitigar la soledad. Juan de Urbina desarrolló por ella un cariño especial, por no decir que la quería, pero las normas de su clase y de su raza le impedían tener con ella un trato diferente al de mera barragana. Hasta le dio dos hijos, que crecieron entre los demás niños de la mina y nunca fueron reconocidos. A veces recordaba a Antonio de Arnalte —la amistad sin sombra que los unió, su aciago final— y se preguntaba por qué ahora se sentía tan a gusto con Alina. ¿No pertenecía ella al pueblo odiado que con su amigo habían combatido con tanta saña? A pesar de que nunca pudo sosegar su corazón ni explicar la paradoja, se dio cuenta de que Alina no le despertaba sentimientos de odio sino de bondad. Sí, ella le hacía recordar a Antonio de Arnalte, pero no al fantasma de la última mirada oscura y sin esperanza, sino al amigo de la sonrisa fácil y la perpetua alegría.

Juan de Urbina llegó a amar aquellas tierras feraces y ricas como si fuesen su lugar natal. Le gustaba recorrer los campos e internase por los bosques. Allí, entre magníficos árboles centenarios —estoraque, tolú, caraña, maría, anime, copal, copaiba, algarrobo, amamor, cedro, guayacán, caobo, laurel, comino, dinde, cuyas cortezas producían toda clase de bálsamos y aceites— escuchaba el silencio de las florestas, roto a veces por tempestades furiosas, por el canto de las guacharacas o los paujiles, la algarabía de los loros y el chillido de los micos, o por los ruidos de tatabros o saínos al roer y devorar nueces. Encontraba manadas de cerdos de monte, de carne suculenta y aspecto semejante a la de los lechones; dantas o tapires; huevos azules de pava entre la maleza. Y una increíble variedad de aves cuyos nombres solo conocían los indios más viejos. Había palmeras de diversos frutos comestibles y medicinales, flores de nombres desconocidos. Aspiraba el perfume del estoraque, de la caraña y otros bálsamos y gustaba de las piñas llamadas de Castilla, que allí alcanzaban hasta doce libras de peso. Había caímos, uvas silvestres, perillo —que produce una leche espesa— magnolias, begonias, arizá y erecinas, vainilla, clavo y canelos. Las mariposas de todos los colores parecían pequeños arco-iris navegando en el espacio y los cocuyos brillaban como espectros en las noches más oscuras.

El sopor del medio día duraba hasta bien avanzada la tarde; los campos quedaban desiertos y todos dormían la siesta. Luego, Juan de Urbina se reunía con amigos, capataces y vecinos a jugar tresillo. Apostaban con liberalidad y las monedas y bolsas de oro pasaban de mano en mano como si no tuvieran valor. Allí, las grandes pérdidas y las grandes ganancias no sorprendían a nadie.

Una tarde ingresó a un bohío de indios y, de repente, encontró un racimo de huesos en un rincón. Con horror revivió la imagen de aquellos huesos de niños medio-roídos en el caserío pijao, el día en que Antonio de Arnalte fue secuestrado en la selva. Era la comprobación de que sí comían carne humana, de que fray Pedro Simón estaba en lo cierto. Convocó a sus mayordomos. Tenían que encontrar a los responsables y ajusticiarlos sin piedad. Era la única manera de civilizar a aquellos salvajes, de hacerlos escarmentar de una vez por todas. Pero Alina, al enterarse, se acercó con sigilo a su señor, lo llevó aparte, y le explicó que los huesos no eran de niños. Pertenecían a monos saraguatos, que abundaban en la zona, y que algunos indios cazaban para alimentarse. Alina lo podía afirmar sin ninguna duda porque los de su tribu también los cazaban, y también se alimentaban de ellos.

Aunque Alina era la preferida, no era la única que lo acompañaba en el lecho. Con frecuencia llevaba a otras —negras o indias— que él escogía por ser el amo y señor de los contornos. Pero luego de unos años se dio cuenta que si quería mantener y consolidar su autoridad debía fundar un hogar de acuerdo con la tradición y las leyes españolas. Entonces se dio a la tarea de buscar una esposa que estuviera a su altura. Fue así como supo de una mujer blanca, joven y soltera que vivía en Zaragoza. Era la hija de don Pedro Erazo de Mantilla, administrador de una rica mina de esa localidad. Tenía diez y ocho años y se llamaba Andrea Erazo. Había nacido en aquellos territorios y se distinguía por su belleza y recato. Rogándole al Señor que no se repitieran las circunstancias vividas en Santa Fe de Bogotá con la muerte inesperada de su primera mujer, Juan de Urbina escribió a don Pedro solicitando la mano de su hija. Para facilitar las cosas, obviaba el asunto de la dote. La respuesta no se hizo esperar; ya el pretendiente contaba con una sólida reputación basada en el abultado patrimonio logrado en pocos años —producto de sus pagas como administrador y de su negocio de cría de ganado— amén de su fama de militar valiente y, sobre todo, de la confianza sin sombra que había depositado en él don Diego de Ospina, la figura más importante de esa parte del Reino.

El matrimonio se llevó a cabo en pocos meses y, tal como había sugerido Juan de Urbina, sin pago de dote. Los recién casados hicieron su morada en una casa solariega en la plaza de Cáceres, donde la pareja recibió las atenciones de vecinos y funcionarios. Él conservó, sin embargo, sus habitaciones en el caserío minero, alegando la necesidad de vigilar de cerca a sus hombres. Así se le facilitaba el trato con Alina y las demás hembras. Dos semanas después del matrimonio sucedió un hecho aciago. Luego del consuetudinario juego de tresillo, hizo llamar a Alina para que lo acompañara en el lecho. Ella se bañó, acicaló con flores el cabello azabache, que era su mayor atractivo, y llegó con el alborozo que siempre le causaban estos llamados de su señor. Pero las cosas sucedieron de manera imprevista. De súbito Juan de Urbina perdió todo deseo amoroso. Ella estaba dispuesta en el lecho y su señor permanecía ausente e inmóvil en una silla. Él se levantó, salió al corredor, y caminó por el jardín bajo la luz de la luna. En su interior libraba una batalla que se resolvió de manera trágica. Entró con violencia a la habitación y le gritó de mala manera: "vete, puta, vete, no quiero verte más". Alina no comprendió, y esperó con el rostro descompuesto. Él le repitió el insulto, la golpeó en la cara, la sacó al corredor y cerró la puerta. No le dio tiempo de vestirse, sus ropas quedaron en el interior, pero en el último momento ella asió la manta de algodón que cubría el lecho. La noche era esplendorosa; la luna llena ascendía por el firmamento y la muchacha, cuando se vio en el corredor ante una puerta cerrada, se internó por el jardín, cubriéndose a medias con la manta. Una nube de desesperación le encegueció la mirada y, en cambio de regresar a su rancho, tomó el sendero del bosque. El cadáver desnudo fue hallado tres días más tarde, cuando los peones se acercaron atraídos por una bandada de gallinazos. Estaba colgado de la rama de una ceiba. Juan de Urbina sintió gran tristeza, una profunda congoja, un rencor indecible contra su suerte, pero no dejó traslucir ningún sentimiento que opacara aquellos primeros meses de unión con Andrea Erazo.

A partir de ese momento la vida transcurrió plácida y sin sobresaltos. Las rutinas en la mina y en las haciendas estaban bien establecidas y las riquezas fueron aumentando para el Rey, para don Diego de Ospina y para el propio Juan de Urbina. Fuera de uno que otro esclavo que escapaba al monte, uno que otro ajusticiamiento, o el reporte trágico de una muerte accidental de algún indio, pocos hechos rompían la monotonía de los días, los meses y los años. Cundía la alarma y había revuelo cuando llegaban de visita oidores de la Real Audiencia de Santa Fe de Bogotá o de funcionarios de la contaduría de Santa Fe de Antioquia. Por lo general encontraban las cosas bien y las visitas no tenían consecuencias qué lamentar. En una ocasión, sin embargo, llegó a Zaragoza el juez de residencia don Anselmo de Téllez con la misión de juzgar ciertas actuaciones de los funcionarios de la casa de fundición y de la oficina del tesoro. La visita transcurría normalmente, y todo parecía estar en orden. Pero la noche de navidad ardió la casa en que se hospedaba. Allí también se hospedaban otros dos oficiales y dos clérigos que iban de viaje por la región. Pasada la media noche, desconocidos cerraron las puertas por fuera y le pusieron fuego a la construcción por diversas partes. El visitador y sus compañeros fueron despertados por el humo denso que llenaba las habitaciones. Dieron voces de alarma y corrieron a las salidas, que encontraron bloqueadas. En su desespero, forzaron los barrotes de dos ventanas y escaparon justo cuando el techo en llamas se les venía encima. No hubo víctimas, pero se perdieron los procesos, las escrituras y demás pruebas de los juicios de residencia en curso, y, con ellas, el fruto de muchas semanas de trabajo.

Tales incidentes no afectaban la vida privada de Juan de Urbina. Su matrimonio iba viento en popa. Vinieron los hijos: Juan José, Luis y Jacinto, quienes crecieron en aquel ambiente de provincia y al cuidado de esclavas. Juan de Urbina recibía una o dos cartas al año de Antonio María, el hijo mayor, quien ganaba en fama y santidad como jesuita destacado. Además, cuando las noticias lo ameritaban, recibió correspondencia de sus amigos escribanos de Santiago de Tunja y de sus antiguos compañeros de la contaduría de Santa Fe de Bogotá.

Entre las novedades de aquellos años estuvo la creación del tribunal de la Inquisición, noticia que llenó de orgullo a Juan de Urbina, porque de inmediato pensó que la súplica que redactara en unión de sus amigos de Tunja había, por fin, tenido acogida en la Corte. Se sintió protagonista de aquella magna obra y compartió su orgullo con familiares y amigos. La creación del tribunal era una necesidad sentida y la demora radicó en la dificultad para escoger la sede y asignarle presupuesto. Después de muchas dilaciones, la decisión favoreció, no a Santa Fe de Bogotá ni a Santiago de Tunja, como habían solicitado los notables de esta ciudad, sino a Cartagena de Indias, lo cual fue una sorpresa para todos. Bajo su jurisdicción quedó un territorio aún más extenso que el de la Real Audiencia de la Nueva Granada: las gobernaciones de Popayán, Antioquia, Cartagena, Santa Marta, Venezuela, La Grita, los corregimientos de Tunja, Mariquita y Santa Fe, las gobernaciones de Puerto Rico, Santo Domingo y Cuba. En muchas partes hubo alborozo, por la creencia de que este tribunal pondría fin a los males que aquejaban el Reino. El alborozo fue mayor en Cartagena, porque los notables del puerto se dieron cuenta de que allí se consolidaba una nueva fuente de poder, aún más importante que el poder económico y militar: el poder sobre los espíritus y las acciones de los hombres. Poder que, en forma adicional, significaba un enorme acopio de dineros para el pago de funcionarios, oficinas, rituales y ceremonias, todo lo cual iba a exaltar el lujo y el brillo de la ciudad. En otros lugares —Santa Fe de Bogotá, Santiago de Tunja— por el contrario, se sintió consternación y repudio. La más perjudicada fue Tunja: iba a perder su importancia y pronto quedaría al margen de la política y los acontecimientos.

Llegaron a Cartagena procedentes de Madrid los primeros inquisidores, los licenciados Juan de Mañozga y Pedro Mateo de Salcedo; también el Fiscal General, doctor don Francisco de Bazán y Albornoz. La ciudad se vistió de luces y las celebraciones, presididas por las autoridades civiles y militares, duraron semanas. Se dieron las primeras disposiciones en cuanto a habitaciones y oficinas para los nuevos funcionarios y poco a poco se iniciaron las labores. Entonces fluyeron hacia Cartagena decenas de expedientes desde los lugares más remotos. Se abrían nuevos procesos y los funcionarios no daban abasto. La urgencia de completar la nómina causaba la mayor expectativa. Abogados, escribanos y demás letrados de todo el Reino aspiraban a tan elevadas posiciones y hubo una tormenta de intrigas, pero no abundaban los candidatos idóneos. Fue necesario improvisar y esto generó errores que luego no fue fácil subsanar. Para que el tribunal trabajara adecuadamente debía constar del inquisidor general —o juez general—, acompañado por dos jueces más. Uno de ellos debía ser teólogo y los otros dos, jueces letrados. Debían concurrir los tres para decidir, formando así el Consejo, máxima autoridad de la jurisdicción. Tales fueron los cargos que ocuparon Bazán, Mañozga y Salcedo y, por lo tanto, pronto el Consejo estuvo en condiciones de funcionar. Pero sus decisiones quedaban en suspenso por falta de funcionarios que las pusieran en práctica. Debían actuar como adjuntos un fiscal y un juez de bienes —para administrar las confiscaciones— dos consultores teólogos, tres o cuatro juristas, hasta ocho calificadores —que además de letrados gozaran de "especial reputación por su prudencia y virtud"— dos notarios del secreto para las actuaciones que requiriesen especial sigilo, notarios de secuestros para autorizar los embargos, notarios de actos positivos para las informaciones de limpieza de sangre, notarios del juez de bienes, receptores para recaudar las multas, nuncios para llevar las causas de un tribunal a otro, el proveedor que cuidaba de la alimentación de los presos, médicos, cirujanos y barberos para las "visuras", las torturas y la asistencia gratuita a los presos; capellanes, cuatro "honestas" personas eclesiásticas, sin sueldo, encargados de auxiliar a los capellanes y de resolver dudas a los encausados. También comisarios encargados de buscar informaciones, efectuar labores en lugares distintos a la sede del tribunal, promulgar edictos, recoger libros prohibidos. Tenían la misión de vigilar los equipajes de los viajeros y de descubrir y enjuiciar a los herejes. Además, había que configurar un nutrido cuerpo de familiares —*cruce signatus*— que dependieran de los inquisidores y les sirvieran de asistentes. Podrían actuar como escoltas y fuerza militar en casos de urgencia. Debían mostrar religiosidad y prudencia, limpieza de sangre y utilizar insignias especiales. No estaban a sueldo. En cambio, recibían indulgencias por su labor. Serían caballeros íntegros, que se hubieran distinguido por sus servicios a la corona o a la iglesia y estuvieran dispuestos a mostrar especial celo en la vigilancia de parientes, amigos, conocidos y vecinos; y a denunciar a los sospechosos. La configuración de una nómina de esta naturaleza iba a tardar años.

En Tunja se sintió un hondo pesar y quienes alimentaban ambiciones personales comprendieron la urgencia de emigrar. Luis Blanco no lo pensó dos veces: escribió a Santa Fe de Bogotá, a Cartagena de Indias y otros lugares, solicitando a amigos y funcionarios conocidos que respaldaran su nombre para uno de los cargos vacantes. Fue considerado y poco después Luis Blanco fue nombrado notario del secreto, para que se hiciera cargo de las actuaciones que requerían especial sigilo. Al recibir la noticia de inmediato se preparó para el viaje con su familia y pronto se trasladó a Cartagena de Indias. José Luis de Vanegas también escribió a amigos y funcionarios buscando uno de aquellos cargos, pero tuvo menos suerte y su nombramiento solo ocurriría años más tarde. La razón de su demora estuvo en que el escribano Juan de Vargas estaba tan anciano que muchos esperaban su muerte. Vanegas iba a reemplazarlo. De hecho, ya se había hecho cargo de sus negocios. Uno de ellos fue el testamento de don Juan de Castellanos. Fue firmado por Vargas, pero la redacción estuvo a cargo de Vanegas. Aún no se había cerrado; incluía los extensos volúmenes de sus *Elegías y elogios de varones ilustres de Indias*, que debían ser enviados a Madrid para su publicación. Un tiempo después, cuando apareció un sucesor adecuado que pudiera asumir las responsabilidades de escribiente y notario en Santiago de Tunja, José Luis de Vanegas fue nombrado para el cargo de juez calificador del tribunal de la Inquisición en Cartagena de Indias, y pronto se trasladó a esa ciudad. Antes de partir, le escribió a su amigo Juan de Urbina dándole las buenas nuevas.

Juan de Urbina también se preparaba para visitar Cartagena de Indias, pero con otro propósito: adquirir en el mercado de esclavos los que necesitaba para la mina. Se alegró cuando supo que iba a reunirse con sus amigos Luis Blanco y José Luis de Vanegas, después de tantos años de separación. Celebrarían el encuentro: aquel documento que habían redactado bajo la dirección de Juan Sáenz de Hurtado, el encomendero de Chivatá, y presentado a su majestad Felipe II, no había caído en saco roto. Allí solicitaban la instauración de la Inquisición en el Nuevo Reino de Granada y un mayor tráfico de esclavos para las necesidades de las minas. Ambas súplicas habían sido concedidas con grandes beneficios, inclusive para los propios redactores. Sí, había motivos de sobra para celebrar.

Cuando llegó a Cartagena de Indias, Juan de Urbina los buscó pero no fue recibido, porque los funcionarios del Santo Oficio estaban ocupados en la preparación de un auto de fe. Con un propio le avisaron que se alegraban de su llegada y le pedían que aplazaran el encuentro unos días. Juan de Urbina no se entristeció. Ninguna noticia podía ser más afortunada y se dispuso a vivir la experiencia del auto en toda su intensidad. Ya sabía a qué atenerse. De joven, en Sevilla, había participado en la ceremonia como espectador. Entonces no sabía de pecados contra la fe, de jerarquías ni de jueces ni de temas como el "bienestar espiritual del reino". Pero sí había sentido la fuerza sobrenatural que allí se manifestaba. Repasó en su memoria los pasos del ritual y las sensaciones que le produjeron, y, al recordarlo, lo vivió todo de nuevo. Una mano invisible iba a posarse en la boca de su estómago y en los genitales; ahí iba a mantenerse mientras durase el largo ceremonial. Y a medida que este se llevara a cabo, el pueblo iba a unirse en un solo ser, en una sola masa tensionada y a punto de explotar. La descarga divina iba a ocurrir, de repente, cuando los verdugos encendieran las teas. Entonces las acercarían a los arrumes de madera a los pies de los infelices condenados a morir. Miles de ojos iban a permanecer fijos, viendo ascender las lenguas de fuego hacia el cielo oscurecido por el humo.

El fuego no solo iba a consumir a esos pecadores, cuyos alaridos se escucharían en toda la ciudad, sino que también iba a purificar a la multitud: era la mano de Dios, presente para limpiarlos a todos. Tal era el momento que con tanta ansiedad esperaba Juan de Urbina.

Acudieron vecinos desde muchos pueblos a la redonda. El día anterior se suspendieron temprano las actividades. Y a la hora señalada, desfilaron las autoridades abriendo paso entre la multitud congregada en plazas y calles. Desfiló la fuerza militar, los caballeros de las distintas órdenes, las congregaciones y los vecinos importantes, todos vestidos de luto. Desfilaron las comunidades religiosas, el clero secular, los calificadores del Santo Oficio, con los pendones de rigor; los fiscales, secretarios, notarios, familiares, todos portando cirios encendidos. El alguacil mayor —montado y con escolta— conducía a los reos. Estos iban con la cara y la cabeza rasurada, vestidos con hábitos penitenciales de coleta amarilla, con insignias en la cabeza, según los pecados cometidos. Sostenían cirios apagados. Los blasfemos llevaban mordaza. A su lado, los capellanes pregonaban los pecados y exhortaban al arrepentimiento. Al llegar a la plaza de Armas, la comitiva —de civiles y religiosos— subió al tablado principal y los reos a un tablado secundario. Los miembros del Consejo, presididos por el Inquisidor General, ocuparon un dosel de terciopelo negro, con los signos del Santo Oficio bordados en morado. En un altar lujoso y cubierta por velo negro, estaba la cruz verde de la Inquisición —sobre campo negro, con un ramo de olivo a la derecha y la espada de la justicia a la izquierda, debajo de una zarza ardiente, y el dorso de la cruz de Santo Domingo—. El clero y la multitud entonaron el *Veni Sancte Spiritus*, aquel canto cisterciense adoptado para las grandes celebraciones desde la época de Inocencio III. Los reos abjurados e indultados pregonaban su error y pedían misericordia.

Arrodillados, besaban las manos de los oficiantes. Se descorrió el velo negro de la cruz y se les encendieron los cirios. Hubo misa solemne, más cantos, incienso, campanas, agua bendita. Las cosas ocurrían con lentitud, como correspondía, y la expectativa era creciente. En cierto momento todo parecía detenido, y Juan de Urbina se sintió parte de un lienzo de gran formato. La densidad era indescriptible. Cada cuerpo estaba pegado a los demás. Se estrechaban unos a otros y ninguno pensaba en diferencias de rango, raza o sexo. El sudor propio se confundía con el ajeno y en la tarde calurosa flotaban un alo de asfixia y un olor único, el de la masa. Como la Inquisición se limitaba a juzgar y no se manchaba las manos con sangre o cenizas, "relajaba los reos al brazo secular" para que fuese la autoridad civil quien ejecutase las penas. En cualquier momento darían la señal, los remisos serían conducidos al poste de la hoguera y arderían las fogatas. La destrucción iba a ser completa y todos quedarían satisfechos.

Pero la descarga no llegó: las hogueras no se encendieron. No hubo purificación por el fuego porque a última hora se anunció que no había remisos. Se escuchó un murmullo de descontento. Las tropas quisieron acallarlo con una salva y se ordenó a los músicos tocar en señal de júbilo, pero la multitud no se sintió jubilosa. Juan de Urbina tampoco. Pensó que todo había sido en vano y que había faltado lo más importante. Entonces empezó a abrirse camino. Mientras muchos esperaban una contraorden, Juan de Urbina se encaminaba por una calle lateral rumbo a su habitación.

La jornada continuó con la imposición de las penas: la autoridad civil se hizo cargo de los 25 condenados. Fueron sujetados con argollas y azotados en el tablado dispuesto para tal fin, ante un público todavía ansioso de emociones. Casi todos perdieron el sentido. Si todavía faltaban azotes, los revivían con baldados de agua para que continuaran recibiendo el castigo. Luego eran conducidos a la cárcel para que pagaran el tiempo que fuera del caso. Algunos iban a ser enviados a galeras. Cuando salieran libres —si aún continuaban con vida— vestirían por el resto de sus vidas un escapulario exterior de lana —sambenito— que cubría de los hombros a las rodillas, de color amarillo, y con cruces rojas bordadas.

Los reos habían sido torturados durante los procesos. Tres habían tenido pacto con el diablo, dos eran herejes y otros dos blasfemos (para ellos habían preparado las hogueras). Pero no fueron ejecutados porque se arrepintieron en el último momento. Cristóbal Arellano, un hombre de cuarenta y cinco años, fue condenado por bigamia. Se inició su proceso en Lima, donde fue torturado en tres ocasiones; pasó a Cartagena cuando se creó el tribunal en esta ciudad. En las cárceles del secreto de estas dos ciudades estuvo recluido por más de siete años, mientras se recogían pruebas y testimonios en el Nuevo Mundo y España. A Arellano lo castigaron con doscientos azotes, seis años de remo en galeras, sin sueldo, y no se le tuvieron en cuenta los años transcurridos en las cárceles de Lima y Cartagena.

Aunque Juan de Urbina salió decepcionado de aquella experiencia que reputó inferior a las que había vivido en Sevilla, con los días modificó su sentimiento. Una cosa era ser espectador en un auto de fe, otra muy distinta ocupar el lugar de la víctima. ¿Qué sentimientos embargaban al infortunado? No lo sabía a ciencia cierta, pero podía intuirlo a partir de ciertas vivencias personales. La primera había ocurrido en esa misma plaza de Cartagena de Indias, hacía ya muchos años, cuando fue distinguido con honores por su participación en la expedición de los carabelones contra los piratas. Fue ascendido a sargento frente a una multitud agradecida y su honra exaltada a las máximas alturas. La segunda, en Santa Fe de Bogotá, cuando fue amonestado, también ante una multitud, ya no agradecida sino curiosa y en actitud de repudio, por el pecado de casarse con la hija del jefe de la guardia, contrariando una disposición del Rey. En la primera se había sentido un héroe; víctima propiciatoria en la segunda. De las máximas alturas del orgullo cayó —sin darse cuenta y con la mayor facilidad— a las profundas cavernas de la vergüenza, el descrédito y la deshonra. Esa comparación de dos extremos —la felicidad y la desgracia— le daban suficiente perspectiva para pensar en aquellos miserables envilecidos por el Santo Oficio para escarmiento general, que, sin embargo, no habían sido consumidos por las llamas. El paso de un extremo al otro podía sucederle a cualquiera. La mano de Dios podía, en el momento menos pensado, señalarlo como víctima —cordero pascual— porque el pueblo necesitaba de esos sacrificios. Entonces le dio gracias a Dios de que lo ocurrido en Santa Fe de Bogotá hubiera sido poca cosa en comparación con lo que presenció en Sevilla y Cartagena. ¡Quisiera el Señor que nunca cayera en los tentáculos de la Inquisición!

Juan de Urbina recordó a su amigo negro Antoñico, el esclavo que trató durante las primeras visitas a Cartagena de Indias y quien le dio la fórmula para darse de baja de la armada. Ya debía estar anciano. Si todavía fuese esclavo, se proponía comprarlo para llevarlo a Cáceres, donde le daría libertad o, por lo menos, lo dejaría vivir sus últimos años en sosiego. Era un acto de gratitud por el servicio recibido. Las casas de madera y paja que conoció y donde servía Antoñico ya no existían; habían sido reemplazadas por sólidas construcciones de piedra de amplios salones, patios interiores con fuentes resonantes, hermosas y altas fachadas con balcones grandes y vistosos decorados con rejas toledanas. Allí las familias eran otras y nadie daba razón de los antiguos moradores. Al no encontrarlo, se hizo a la idea de que estaba muerto, y en un momento de piedad rezó por el eterno descanso de su alma. Entonces buscó nuevamente a sus amigos Luis Blanco y José Luis de Vanegas quienes, ahora sí, lo recibieron con alegría y se dispusieron a pasar juntos varias veladas. Vanegas estaba recién llegado y aún no disfrutaba de las comodidades que otorgaba su cargo. Blanco, en cambio, quien llevaba años en la ciudad, vivía en una de esas casas de balcones bordados con artesanías de hierro. Su servidumbre era numerosa, su familia gozaba de los mayores privilegios y estaba hecha a las costumbres de la ciudad. Recibió a Juan de Urbina y a José Luis de Vanegas en varias oportunidades, para disfrutar de buenos vinos y viandas, en el frescor de la tarde. Los temas de conversación fueron variados. Juan de Urbina mostraba su sorpresa por las transformaciones que la ciudad había sufrido durante los años de su ausencia. La más importante, sin duda, era el establecimiento del tribunal de la Inquisición, que había colocado a Cartagena por encima de Tunja y Bogotá. Ahora la ciudad era el centro de un amplísimo territorio y era vista con admiración y respeto en todo el orbe. Pero, además, por el puerto se movía un comercio activo, nunca antes alcanzado y, en el trato negrero, había logrado la supremacía en todo el ámbito del Caribe, inclusive por encima de La Habana. La población había aumentado en forma notoria. Ya no era aquel poblacho de poco más de cinco mil habitantes, desguarnecido, al arbitrio de los piratas, rodeado de muros de madera y fajina que caían derruidos con el primer mar de leva. La corona había provisto los dineros suficientes para adelantar una importante fortificación militar. El afamado ingeniero Bautista Antonelli había pasado largos años en la ciudad elaborando los diseños e iniciando los trabajos y luego fue reemplazado por el no menos afamado don Cristóbal de Roda, quien los impulsó y llevó algunos a feliz término: ya estaba en funcionamiento el fuerte de San Felipe de Boquerón, en la isla de Manga, a la entrada de la bahía de las Ánimas. Estaba en construcción el cinturón de murallas para encerrar en su perímetro la mayor parte de la población. Con estos avances, ya muchos consideraban que la ciudad era inexpugnable. Además, ya contaban con matadero, carnicería y con un canal que traía agua dulce desde Turbaco para abastecer toda la ciudad. Aunque por cada español había por lo menos siete negros, las familias honorables eran las depositarias del poder económico, militar, social y gubernamental. Abundaban los lugares de culto. Había colegios y era el lugar ideal para educar a los hijos. El comercio de libros era activo y se conseguían novedades inimaginables en Cáceres, como *Don Quijote,* de un tal Cervantes, célebre por sus diatribas contra las novelas de caballerías. Todo lo cual le hacía pensar a Juan de Urbina que ya las cosas estaban dadas para trasladarse con su familia a Cartagena y pasar allí el resto de su vida.

En efecto, Luis Blanco y José Luis de Vanegas animaron a su amigo a tomar esta decisión. Pero ocurrían otras cosas no tan favorables que también debía conocer. Era preocupante que por cada blanco hubiese siete negros. Centenares de ellos se reunían en Chambacú, al pie de la Popa y otros lugares para tocar sus tambores, cantar y danzar. Esto sucedía, inclusive, en cualquier calle o plaza, en forma espontánea, sin que mediara aviso ni permiso de las autoridades. Las gentes piadosas pedían la prohibición de estos actos "indecentes", que escondían ritos y ceremonias dedicadas al demonio y a los oscuros dioses africanos. En ellas nombraban a Busiraco, Changó, Ngafúa, Odumare-Nzame, Olfé, Oduría, Angayú y Yemeyá. Repetían estos nombres en sus cantos colectivos, en gritos, invocaciones y oraciones; y los agentes de la Inquisición y demás autoridades vivían escandalizados con tanta herejía, sin que pudieran contener sus efectos. El asunto era tema constante de discusión: esa población de negros tan numerosa se les estaba saliendo de las manos. Temían un alzamiento general y un éxodo masivo hacia los palenques del interior. Por eso los dejaban cantar y bailar y se limitaban a vigilarlos. Pero el mal iba en aumento. Cada día más y más criollos y hasta españoles de pura sangre se recreaban en aquellas fiestas, cantaban las canciones y adoptaban los ritmos. ¿A dónde iban a llegar?

Juan de Urbina recordó que en Tunja habían manifestado temores similares, no respecto de los negros sino respecto de los indios, y con ocasión de la fiesta del *Corpus*. La población de indios —que también superaba en mucho a la de los españoles— danzaba y cantaba en sus lenguas primitivas, y vestían las imágenes de los santos con ropas y adornos indígenas, y las personas de bien se sentían escandalizadas.

Todo esto, sin embargo, era poca cosa comparado con lo que ocurría por esos días en Cáceres y Zaragoza. En esta región de minas, la población negra venía en permanente crecimiento y los indios —tanto los de la zona como los que llegaron de otras partes— se unían a los ritos y bailes de negros con más fervor que a los ritos cristianos. El desorden era indescriptible. En las barracas y viviendas, al caer la tarde, los negros e indios se comunicaban ciertas noticias: alguien había visto un perro desconocido, de pelambre oscuro, atravesar el patio de la casa. A medio día había volado un ave nocturna. Una iguana verde se había calentado el lomo en el techo de la troje. Entonces cundía el nerviosismo. Decían que habían llegado los demonios o los espíritus de antiguos reyes —ahora transformados en cuervos, reptiles o mariposas— para visitar y comunicarse con sus servidores fieles. Que iban a ocurrir pestes, castigos crueles, y que, para evitarlos, debían huir hacia los montes. Entonces se congregaban en ciertos lugares del bosque donde levantaban altares, sacrificaban animales y protagonizaban maleficios y otros hechos de bochorno. En las noches de luna llena, los tambores sonaban hasta el amanecer. Él mismo había encontrado un gallo mediodegollado, aleteando todavía, sobre un reguero de granos de maíz. Fue un amanecer en el que se aventuró a recorrer tales lugares. En otra ocasión encontró un chivo ahorcado que colgaba de una rama, rodeado de ofrendas. Las gentes de bien preferían callar y las autoridades se hacían las de la vista gorda. Y todos temían en cualquier momento ocurrieran actos de violencia inducidos por aquellos demonios. ¿Qué iba a resultar de todo aquello? Sí, en Cáceres y Zaragoza, y sin duda en otras ciudades del interior, se respiraba un ambiente de peligro, quizás mucho peor que el que se respiraba en Cartagena; un ambiente ofensivo para la dignidad y la pureza de los españoles. Y, sobre todo, dañino para los niños y jóvenes de las familias decentes.

El tema los mantuvo entretenidos por horas. De repente estaban discutiendo sobre asuntos importantes del Reino, tal como lo habían hecho en Santiago de Tunja muchos años antes. Quizás ahora, como en aquella ocasión, y según se atrevió a proponer Juan de Urbina, pudieran encontrar soluciones y redactar una nueva súplica al rey. Esta propuesta fue hecha de manera ligera, llevado por el entusiasmo de la conversación y por el vino. Pero Luis Blanco y José Luis de Vanegas protestaron de inmediato; ahora las cosas eran distintas. Para eso estaba la Inquisición. Ellos eran funcionarios importantes del Santo Oficio, institución que había sido creada precisamente para conjurar peligros espirituales. Además —argumentaron— aunque en Tunja actuaron de buena fe, no contaban con la instrucción suficiente, y se habían manifestado en forma simple sobre asuntos tan complejos. Había muchas facetas que entonces desconocían, y que, según pensaban, los españoles del interior seguían desconociendo. La llegada de negros en cantidad satisfacía las necesidades de la Corona, de los propietarios de minas y encomiendas, de los comerciantes y las familias decentes. Pero era un asunto complejo de enormes implicaciones espirituales que no estaban resueltas y sobre las cuales trabajaba el Santo Oficio. Lo primero estaba relacionado con la trata propiamente dicha. Luis Blanco y José Luis de Vanegas, que vivían en el puerto, estaban enterados de cómo los aventureros de varios países, pero principalmente portugueses, se internaban por el continente africano, fomentaban guerras entre caciques, se aprovechaban de celos y rencillas locales y se aliaban con ciertas tribus para esclavizar otras; tomaban presos a los negros por centenares, sin distinguir entre jóvenes y viejos, hombres, mujeres y niños, los encadenaban y los llevaban sujetados por colleras y a la fuerza a las costas, donde los vendían a los tratantes, también portugueses —un Pedro de Vera, un Vicente Villalobos, un Núñez de Sosa, un Lopes de Setubar, un Gomes o un Fernandes Daveyra—, por dos o tres pesos cada "pieza". Luego regresaban al interior para continuar con la cacería. Los tratantes los subían a los barcos e iniciaban el viaje hacia los puertos de América. Quedaban encerrados en las sentinas, mal alimentados y con poca agua. Quien fuera jefe de algún clan y todavía exhibía su dignidad vistiendo la piel de un antílope, compartía el cepo con sus antiguos súbditos. En cada nave viajaba un escribano quien debía registrarlos como "piezas", "mercancía", "carga" o "cargazón". El hacinamiento era mucho y con frecuencia se desataban pestes que obligaban a los tratantes a arrojarlos todavía vivos por la borda. A veces también los arrojaban sanos, cuando la nave era presa de tempestades o vendavales y había necesidad de aligerarla. Eran las famosas "echazones" reguladas por la Casa de la Contratación: "si por tormenta u otro tiempo forzoso hubiere necesidad notoria de hacer alguna echazón para salvación de la nao, que la asiente el escribano de la nao y dé fe del acuerdo y consentimiento que para esto hubo". En la práctica, sin embargo, no había tiempo para tales formalismos: los echaban y luego escribían las actas. Lo que sí hacían antes de echarlos era cortarles las manos, para llevarlas a los dueños de los cargamentos como prueba del suceso. No había otra forma de arreglar las cuentas y controlar los inventarios. Los que llegaban vivos y en buenas condiciones eran subastados en las semanas siguientes a la llegada. A los enfermos los dejaban en cuarentena esperando su mejoría para futuras subastas.

En estas condiciones surgían dos problemas espirituales de gravedad. De un lado, lo inhumano del trato, asunto del cual se ocupaban algunas comunidades, en especial los jesuitas. De otro, la herejía de los tratantes, de lo cual se ocupaba el Santo Oficio. Todos los portugueses eran sospechosos de herejía. Eran hebreos o moros encubiertos, cuyos padres y abuelos habían sido expulsados de España y cuyas familias habían permanecido en Portugal bajo el ropaje de cristianos nuevos. Por eso los inquisidores tenían que vigilados estrechamente cuando llegaban a los puertos españoles. Sin embargo, evitaban procesarlos, a menos de que fuesen sorprendidos en flagrante delito. Mientras ejercieran solo como negreros, la Corona los necesitaba y no era del caso ponerle trabas al comercio.

El asunto de la inhumanidad era subsanado por los jesuitas. Tan pronto los negros pisaban tierra, miembros de la Compañía se apresuraban a cristianizarlos y bautizarlos. Y en esto también la Inquisición tenía que estar vigilante, porque los tales jesuitas se oponían en forma soterrada a la trata, y de vez en cuando dejaban oír su voz de protesta, contrariando las políticas del Rey. (En este punto, Juan de

Urbina se sintió incómodo, pues recordó a su hijo mayor, que ya fungía como "jesuita destacado". ¿Cuáles sospechas se alimentaban en el seno de la Inquisición respecto de los jesuitas?). Como era conocido —continuó explicando Blanco, mientras Juan de Urbina permanecía expectante—, el padre Claudio Acquaviva, el General de la Compañía, quinto sucesor del Fundador y cuya sede estaba en Roma, enviaba sacerdotes a misiones en varios sitios del continente americano. Sin duda estas misiones reportaban beneficios a los intereses de la Corona, del Vaticano y de la Compañía, pero había excepciones molestas. La misión de Cartagena de Indias, que había sido fundada por el padre Alonso de Sandoval, era de las que causaba molestias: existiendo tantas ocupaciones y necesidades, los jesuitas de esta misión se habían dedicado en forma exclusiva a cuidar negros. Entonces Blanco quiso ser contundente, y contó con detalles el caso del jesuita Luis de Frías, quien había afirmado en un sermón cosas graves que ofendieron a los creyentes. En el púlpito de la iglesia Mayor, sin duda llevado por un amor excesivo y nocivo por los negros, dijo que era pecado grave dar un bofetón a un negro; más grave, inclusive, que dárselo a un Cristo. El negro era hechura e imagen viva de Dios. El Cristo —en ese momento señaló uno que estaba a la derecha del altar mayor— era una imagen muerta de palo, que solo significaba lo que era. La feligresía quedó muda en la iglesia —era un viernes de cuaresma—; luego hubo revuelo en la ciudad y la Inquisición se vio obligada a intervenir. Todos hablaban de sacrilegio: Frias era un iconoclasta furibundo. Frías era un hereje. Frías pertenecía a la secta de Lutero. Fue puesto preso y se abrió el proceso. Acudieron tantos letrados con citas en latín sacadas de los textos del Concilio de Trento, de las obras de Santo Tomás y demás padres de la Iglesia, que el expediente adoptó un tamaño gigante sin que se llegara a ninguna conclusión, razón por la cual Frías y su expediente pasaron al tribunal de Sevilla en espera de que el Consejo de Indias, en su sabiduría, diera su dictamen final. Según tenían noticia en Cartagena, el proceso aún no se había cerrado. Tales eran los peligros del celo desmedido por defender a los negros, recalcó con énfasis Luis Blanco, y continuó explicando que en ese momento estaban frente a otro caso que podía ser aún más delicado. Se trataba del propio Alonso de Sandoval, el mismísimo fundador de la misión en Cartagena de Indias. Desde su arribo se mezcló con los negros, aprendió sus idiomas y se propuso reunir noticias sobre su origen, costumbres y demás pormenores. Era fama que en ese momento Sandoval daba los últimos toques a un libro voluminoso, que había titulado *Naturaleza, policía sagrada y profana, costumbres, ritos y catecismo evangélico de todos los etíopes* y que, según aseguraba el mismo autor, era el recuento más completo de razas, culturas, idiomas y demás noticias relacionadas con la trata de africanos en tierras de América. Antes de darlo a la imprenta, debía pasar por los censores de la Inquisición. Y allí se iba a saber hasta qué grado de error había llegado Sandoval en su celo y amor por los negros. Sin duda en tal escrito había más herejía que en el sermón de Frías. Pero el caso no terminaba allí; ya se veía venir el escándalo: hacía pocos días, y antes de que el manuscrito fuese entregado a los inquisidores para su evaluación, Claudio Acquaviva había ordenado a Sandoval trasladarse a Lima, y ya el sacerdote empacaba maletas. Sin duda, Acquaviva quería sustraer el manuscrito y a su autor del influjo de la Inquisición de Cartagena.

Finalmente Blanco habló del padre Claver. Pedro Claver era el mejor discípulo de Sandoval y ya también se distinguía por su celo en favor de los etíopes. Claver había sido ordenado sacerdote en Cartagena, luego de resistirse a recibir ese honor por años. La fama por su entrega al servicio de los negros ya circulaba por la ciudad y el país. En compañía del hermano lego Francisco Bobadilla, hijo de esclava y blanco, y del negrito Manuel Caboverde, nacido en Cartagena, quien servía de traductor, entraba a las sentinas de los barcos acabados de llegar o esperaba en la playa para atender a los enfermos y llagados. Debía tener un estómago de bronce, o carecer del sentido del olfato, para resistir aquellas inmundicias. Debía tener también una paciencia admirable y un ardentísimo celo. Claver desempeñaba estas labores en silencio, no escribía libros ni pronunciaba sermones. En esto se distinguía de sus antecesores. Tal actitud iba a protegerlo de la Inquisición por un tiempo. Mas Blanco no dudada que tales gestos, en apariencia mudos, contenían grandes herejías que en todo caso era necesario vigilar.

Entonces Juan de Urbina, conmovido por las descripciones, se atrevió a preguntar qué tipo de herejía encubría un comportamiento como el de Claver. Blanco, en tono airado, respondió que la herejía se hacía evidente cuando el sacerdote o cualquier cristiano creyeran que los negros estaban hechos a imagen y semejanza de Jesús, y que, por lo tanto, era necesario darles un trato digno y respetuoso. Tales mensajes heréticos, producto de un amor equivocado, creaban consternación, duda, desconfianza entre las viudas ricas, las esposas de funcionarios, las jóvenes en los conventos, los alumnos en los colegios ignacianos, los hombres piadosos y el pueblo en general. Eran, sin duda, el peor ejemplo, fuente de males espirituales para el Reino. ¿No eran los negros las mejores bestias de carga? Si no, ¿quién iba a explotar las minas y a coger las cosechas? ¿Quién iba a servir de boga en el Magdalena? ¿Quién iba a hacer los oficios más duros, ahora que ya no había indios? Esa cháchara sobre la dignidad de los negros contradecía las políticas de la Corona, y era nociva para los programas de las autoridades españolas, para la hacienda de los comerciantes y tratantes. Se hacía, pues, necesario, acabar con tales apostolados en favor de los negros. Frías había sido procesado por la Inquisición, Sandoval estaba a punto de serlo. Y respecto de Claver, era cuestión de tiempo.

Ya entrada la noche, apesadumbrado y pensativo por estas conversaciones, Juan de Urbina se retiraba a su habitación. La Inquisición había sido fundada y regentada por los dominicos y estaba impregnada del espíritu de su fundador. Los jesuitas eran sus adversarios naturales. Él mismo se sentía más cercano al espíritu de Ignacio de Loyola que al de Santo Domingo, por una razón simple: su hijo mayor era jesuita. ¿Qué implicaciones podía traerle esta situación en su vida personal y en su familia?

Meditaba largamente también sobre los indios, sobre los negros, sobre el destino de los españoles frente a esas razas, y sobre su propia experiencia personal. Al principio, esos seres tan distintos le habían producido rechazo. Los había combatido en el país de los pijao, los había castigado en Cáceres y perseguido como a fieras salvajes cuando huían a los palenques. Pero, cosa rara, el trato con algunos —pensaba en Antoñico— y, sobre todo, con ciertas hembras —indias y negras— le demostraba otra cosa. Allí, en el calor del abrazo y la caricia, ellas le despertaban no solo el goce de la carne sino un sentimiento de piedad y ternura a veces mayor que el que sentía por su esposa legítima. ¿Era esto una herejía? Si lo supiera la Inquisición, ¿iba a ser procesado por hereje? El caso más patente, el que más acudía a su mente, era el de Alina, quien al morir lo dejó sumido en la tristeza por años. Algunas muchachas negras le sirvieron de consuelo en aquel trance. Lo que sentía por ellas no se atrevía a llamarlo amor, como ya lo había considerado en alguna ocasión, pero, sin duda, estaba muy cerca de serlo.

Tal era su estado de ánimo cuando se dispuso a cumplir la misión principal que lo había llevado a Cartagena: comprar una partida de negros para las minas del capitán Diego de Ospina en Cáceres. El remate iba a llevarse a cabo en una plazoleta junto a la Aduana. Era una situación difícil, no solo por los pensamientos que lo aquejaban sino también por las circunstancias propias de la trata. Siempre había escasez de esclavos. En Cartagena existía el mercado más activo y abundante y a él acudían regularmente los capataces de las minas de Cáceres y Zaragoza. Existían otros mercados menores en Mompox —donde también concurrían los capataces— y en Mariquita, que ya quedaba demasiado lejos. En general, los precios eran altos, de trescientos patacones para arriba, dependiendo del sexo, la edad y las condiciones del esclavo. En los mercados menores, con suerte, se compraban dos o tres negros. En Cartagena, en cambio, era posible adquirir partidas hasta de diez y doce, sobre todo cuando llegaban los cargamentos de África. El problema con estos recién llegados era que, en la práctica, se trataba de un juego de azar. No sabían la lengua de Castilla, acababan de ser bautizados y sin duda no entendían el beneficio de la gracia; no se sabía a ciencia cierta el estado de su salud y no habían aceptado su condición de esclavos, lo cual podía significar dificultades para su manejo.

Las procedencias eran muchas. Por eso, "la mercancía" era tan diferente en cuanto a contextura física, idiomas y otras características. En época reciente habían llegado Kanuris, Mandingas, Congos, Ashantis, Carabali-bibis, Malinkes, Angolas, Wolofs, Guineas, Biafras, (que hablaban una multitud de idiomas: Kibundo, Fula, Arará, Gelofe,

Yoruba, Mandé, Bakongo, Soninke, Baluba, Serer, Fiote, Ngala). Los mandigas y los wolofs (o yolofs) tenían fama de ser los mejores trabajadores; eran "de buena ley", y por eso valían más. Se distinguían porque además de resistentes y buenos trabajadores, eran "bien dispuestos, alegres de corazón y muy regocijados". A veces se ofrecían esclavos de gran contextura, altos, fuertes; otras veces eran enclenques, pequeños, y el comprador no tenía mucha información por anticipado. En la subasta, era necesario pujar por cualquier partida que saliera a la venta, so pena de regresar a casa con las manos vacías.

Aquel día Juan de Urbina se presentó temprano, y recorrió los corrales donde tenían las "piezas" disponibles. Se acercó a ellos, al igual que los demás compradores, para palparles brazos y espaldas, para mirarles los dientes y apreciar la contextura y apariencia de cada uno. Las mujeres jóvenes tenían el torso desnudo y, en el regazo, un pañizuelo llamado "papanilla" o "calambe". Cruzaban los brazos sobre los pechos y los compradores trataban de levantarles el pañizuelo. Algunas llevaban un collar de cuentas azules en señal de ser vírgenes. Juan de Urbina las observaba largamente, deseándolas en silencio. Se alegró porque tanto hombres como mujeres se veían fuertes y sanos. Luego se ubicó frente a las tarimas en espera de que comenzaran las pujas. Allí se agolpaba una pequeña multitud. Muchos eran curiosos, pero junto a Juan de Urbina estaban los capataces y mayorales de minas, encomiendas, haciendas y casas solariegas, que venían de todos los rincones de la Nueva Granada, muchos luciendo orgullosos en la diestra sus rejos curtidos. También comerciantes que adquirían partidas para revender en los mercados del interior —Mompox y Mariquita— y en lugares tan distantes como Panamá, Quito y el Perú. Por lo general, los grandes señores estaban ausentes; éstos preferían delegar la compra en sus capataces y administradores, quizá por escrúpulo, quizá porque sus subalternos —quienes mantenían un trato diario con los negros— estaban en mejores condiciones de juzgar atributos y debilidades. Juan de Urbina estaba inquieto; era la primera vez que acudía a una subasta y, al fijarse en la gente que lo rodeaba, se sintió incómodo. Todos eran españoles, pero españoles de la peor calaña, que se hacía evidente por los gestos, expresiones soeces, modales. En otras ocasiones había enviado a sus capataces; ahora había querido concurrir personalmente por su interés de visitar a sus amigos en Cartagena y para apreciar de primera mano los adelantos de la ciudad. Y había cometido el error de no hacerse acompañar por alguno de sus lugartenientes. Sin embargo, y al igual que los demás, aspiraba a no perder el viaje; a hacerse a los esclavos más jóvenes, fuertes, bellos, bien dotados. En aquella ocasión salieron a la venta cerca de doscientos, casi todos mandingas. La subasta duró poco: había más compradores que mercancía disponible. Subieron a la tarima primero a las mejores "piezas": un mancebo y dos bellas muchachas que fueron rematadas por cerca de quinientos patacones cada uno, es decir, casi por el valor de una buena casa en la propia Cartagena de Indias. Luego vinieron otros que también se vendieron a buen precio. A partir de cierto momento los ofrecieron por grupos de dos, tres y hasta cuatro, combinando jóvenes con viejos, hombres con mujeres. Un joven bien formado, en apariencia sano, compensaba la debilidad de un adulto menos dotado. Las pujas comenzaban alrededor de doscientos patacones por esclavo y subían rápidamente, pero escaseaban al llegar a trescientos. Esa tarde el promedio fue de trescientos veinte patacones por esclavo.

Todos traían la marca del rey, una "R" en la espalda, que había sido estampada con un hierro al rojo. Luego, el comprador podía estampar en el pecho su propia marca, aunque algunos preferían hacerlo en el rostro. Estaban encadenados o amarrados con colleras, y ya habían sido bautizados. El trabajo de cristianizar a los recién llegados lo hacían los jesuitas. Más allá de las implicaciones teológicas de que le hablara Luis Blanco, esta labor era bien recibida, no solo porque les hacía más llevaderos los primeros días a los negros, sino, y sobre todo, porque facilitaba las subsecuentes transacciones entre tratantes, comerciantes y propietarios. Cuando la "pieza" llegaba a este último, ya estaba en condiciones de comprender las órdenes básicas y de participar en celebraciones religiosas colectivas.

Al final, Juan de Urbina se sintió satisfecho. Se hizo a una partida de siete, cinco hombres y dos mujeres, cuyas edades en promedio no superaban los treinta y cinco años. Aunque las mujeres eran menos resistentes para las duras labores de las minas, Juan de Urbina las prefería, porque aspiraba a hacerlas procrear, de tal manera que la población negra de la mina aumentara y se fuera renovando con los años.

El siguiente paso consistía en contratar alguna de las varias agencias que funcionaban en la ciudad y que ofrecían servicios como el de conducirlos a su lugar de destino. Juan de Urbina contrató una de ellas que, por un precio que consideró adecuado, se comprometió a marcarlos con el hierro del Capitán Diego de Ospina y a llevarlos hasta Cáceres, remontando el Magdalena y el Cauca en las canoas consabidas. Los capataces de la mina estaban advertidos; cuando llegaran, iban a ubicarlos entre las cuadrillas de trabajo.

En una de las últimas reuniones con sus amigos y ya cuando se disponía a partir para Cáceres, surgió una propuesta que, al escucharla, le hizo pensar que por sí misma justificaba el viaje: ¿por qué no solicitar el cargo de familiar del Santo Oficio?

Al principio Juan de Urbina se sorprendió. Nunca había pensado ser digno de semejante honor. Luis Blanco y José Luis de Vanegas lo enteraron por extenso de lo que significaba. Había varias disposiciones que regulaban estos nombramientos. La más importante era la cédula real que creó el tribunal de Cartagena, que contenía todo un capítulo sobre los familiares. Luis Blanco lo llevó a la reunión y lo leyó en voz alta. En Cartagena y otras ciudades cabeza de obispado debía existir un número de hasta doce familiares, número que no se había logrado completar. Además, debía existir por lo menos un familiar en los lugares donde residieran españoles. Ellos y sus mujeres debían ser cristianos viejos, limpios de toda raza de cristianos nuevos, que no hubiesen sido penitenciados por el Santo Oficio, quietos, pacíficos y de buenas costumbres, buenos practicantes de la religión, todo lo cual debía ser investigado y aprobado por las dignidades de la Inquisición, dejando constancia *in scriptis* para los archivos y para enviar a España. Las esposas también eran investigadas y debían ser de la misma condición. Evitaban el nombramiento de solteros porque existía el peligro de que se casaran, por ejemplo, con negras o con indias, o inclusive con mestizas, lo cual era considerado falta grave.

Juan de Urbina reunía las condiciones: era religioso, devoto de la Virgen y asistía sin falta a los oficios religiosos. Se había distinguido por sus servicios a la Corona y a la iglesia, había participado en campañas militares contra los piratas y contra los indios, era prudente, amante de sus semejantes, buen consejero, buen esposo y padre de familia. Su sangre era limpia y sus abolengos distinguidos —según había afirmado siempre— al igual que los de su mujer, doña Andrea Erazo. No iba a recibir sueldo, pero, en cambio, recibiría indulgencias por su labor. ¿En qué consistía la labor? En vigilar a parientes, amigos, conocidos, vecinos y denunciar ante el tribunal aquellos actos que atentaran contra la fe y las costumbres. Debía descubrir a los judíos y moros encubiertos; a los hechiceros y bígamos, alquimistas y blasfemos, adivinos e invocadores del demonio. A los alumbrados, luteranos y demás ralea. Los judíos eran los que más comúnmente se escondían debajo del pellejo de los devotos. Blanco le explicó que indagando a las criadas era fácil enterarse de ciertas evidencias: si el señor de la casa se ponía camisa limpia el sábado, si guardaba la lumbre desde el viernes, si rezaba los salmos suprimiendo el *Gloria Patri* o si evitaba comer cerdo. Este oficio de vigilante lo podía desempeñar en Cáceres y Zaragoza, donde el demonio mantenía su reino, como les había contado, y donde ocurrían hechos y maldades entre los frailes, curas y otros españoles, que era necesario conocer, juzgar y castigar. Una vez fijase su residencia en Cartagena, Juan de Urbina podría continuar desempeñándose como familiar.

Juan de Urbina escuchó en silencio. Luego preguntó: ¿Y las probanzas de sangre, cómo se hacían? ¿Iba a ser necesario viajar a España para traer los registros de bautizo y matrimonio de abuelos y bisabuelos? El costo del viaje y el esfuerzo iban a ser enormes; iba a tomar demasiado tiempo y el resultado no siempre se podía garantizar, porque los registros en muchas parroquias eran deficientes. Luis Blanco respondió:

— No te preocupes Juan, la Inquisición se ocupa de estos detalles. Enviamos oficios a los demás tribunales y ellos consiguen los registros. Y cuando éstos falten, se puede suplir el trámite con el testimonio de doce testigos idóneos para cada registro. Somos tus amigos y esto no va a representar un obstáculo.

Agregó que a todas luces Juan de Urbina era un candidato excepcional, y que una vez posesionado como familiar del Santo Oficio de Cáceres o de Cartagena de Indias, iba a prestarles a la Religión y a la Corona un servicio invaluable.

Con estas palabras Juan de Urbina sintió que la vida le sonreía nuevamente y acogió la sugerencia. Antes de partir para Cáceres firmó el documento de solicitud, que contenía los datos básicos de su vida y su familia, y que iba a servir de cabeza del proceso de investigación, al que voluntariamente se sometían todos los candidatos. Como había escasez de familiares en el territorio de la Nueva Granada, si los resultados de la investigación resultaban favorables —nadie lo dudaba— pronto Juan de Urbina también quedaría vinculado con la maquinaria del Santo Oficio.

Pero pasó el tiempo y la respuesta nunca llegó. Cuando desde Cáceres les escribía a sus amigos preguntando por el estado de su solicitud, siempre recibía la misma respuesta: esperaban noticias de los lugares por donde había pasado en el curso de su vida, y de varios tribunales de España, a donde habían solicitado los registros. Le instaban a tener paciencia: el cúmulo de documentos que llegaban a todos los tribunales era de tal magnitud, que los funcionarios siempre estaban faltos de tiempo y a veces tardaban en poner en práctica las solicitudes recibidas de otros tribunales. Lo más demorado y engorroso eran las investigaciones sobre la pureza de sangre. Debía cubrir por lo menos dos generaciones anteriores a los candidatos, en cada una de las vertientes de abuelos paternos y maternos. En la información respectiva debía demostrarse "de modo positivo" que las sangres del candidato y su mujer no estaban "contaminadas". En el caso de Juan de Urbina, tales investigaciones habían llegado a un punto muerto por falta de respuesta de los tribunales españoles. Quedaba pendiente la opción de acudir a testigos, pero se trataba de un procedimiento de excepción que tenía que se aprobado por el Consejo en pleno, y Luis Blanco y José Luis de Vanegas no se decidían a solicitarlo.

Juan de Urbina seguía esperando, pero en el año de 1623 decidió trasladarse a Cartagena, aunque no tuviera el cargo de familiar. Ya no se sentía joven. El clima de Cáceres lo había desgastado. Su piel estaba curtida por el sol y las lluvias y por los esfuerzos de una vida trajinada y dura. Aunque su rostro era ahora el de un patriarca, la cicatriz que llevaba en la nariz —recuerdo de aquella buba maligna que le tratara el médico José de Aranjuez Solana en Tunja— no había desaparecido; antes bien, era más notoria y fea. ¿Cuántos hijos tenía? Legítimos cuatro; tres con la señora Andrea Erazo y uno con la señora Ana Teresa López de Sandoval. Los ilegítimos no contaban. Con Alina dos. Con otras indias no lo sabía, porque había tratado muchas en Tunja y lugares vecinos, en tierras de los pijao y en la zona de Cáceres. Tampoco sabía cuántos hijos tenía con negras. Estas fueron las preferidas en los últimos años. Un deseo perpetuo y creciente, que se disparaba con el pigmento y el olor, lo mantenía acechando sobre todo a las mozuelas intactas de senos nacientes. Pensaba que sus cuerpos eran tan perfectos que ya no había lugar de comparación con las indias y ni siquiera con su mujer española. Estas muchachas eran, sin duda, las que todavía lo retenían en Cáceres. Le preocupaban, sin embargo, los tres hijos legítimos menores con la señora Erazo. Era ella la que se encargaba día a día de recordarle la dureza de aquel clima, la falta de escuela, las incomodidades de todo tipo. ¿Por qué no trasladar la familia a Cartagena de Indias? Estas peticiones, que al principio cayeron en terreno estéril, poco a poco y con el paso de los años fueron calando. Aunque en Cáceres la cosecha de mujeres continuaba —y aun daba muestras de crecer— Juan de Urbina tuvo que reconocerse a sí mismo que ya no tenía el vigor que demandaban. Quizás había llegado el momento de adoptar unas prácticas más piadosas.

De nuevo le asaltó la nostalgia de la lectura. En Cáceres y Zaragoza los libros brillaban por su ausencia y durante años se había tenido que pasar sin ellos. Ahora se hacía a la idea de que en Cartagena de Indias, por la permanente llegada de naves provenientes de la madre patria, y aunque persistían las prohibiciones de llegada de libros de diversión y en especial historias ficticias de caballerías y otras aventuras, iba a tener un mejor suministro.

Además, ya era un hombre rico en tierras y ganados; podía liquidar parte de su hacienda para vivir cómodamente en Cartagena y dejar otra parte en manos de sus administradores de confianza, que luego, unos años más tarde, liquidaría cuando las circunstancias fuesen propicias. Recordó las maravillas que había visto en Cartagena en su último viaje, los consejos que recibió de sus amigos y la posibilidad —todavía vigente— de ser nombrado familiar del Santo Oficio. Los herederos de don Diego de Ospina —quien había muerto pocos años antes en Santa Fe de Antioquia— no opusieron resistencia a su retiro. La mina y las haciendas necesitaban cambios y el retiro de Urbina permitía el nombramiento de un joven español con ímpetus nuevos.

II.
LA SUPUESTA ESPOSA

"Matadlos a todos, Dios reconocerá a los suyos".
(Arnald Amaury, comandante de la cruzada Albigense).

C artagena de Indias, 5 de agosto de 1627.
Lorenzo Duque, un marinero de aproximadamente cuarenta años, se presentó en las instalaciones del Santo Oficio de Cartagena de Indias. Dijo que estaba de servicio en el galeón Santa Ana María, que hacía poco había llegado a puerto, que era vecino de Sanlúcar de Barrameda y que, luego de convenirlo con su contramaestre, el señor Vicencio Rodríguez, venía a presentar testimonio "por descargo de su conciencia". Fue recibido por el licenciado José Luis de Vanegas quien, en su carácter de juez calificador, se dispuso a levantar acta de la visita. Preguntado Duque cuál era el descargo, respondió que el capitán Juan de Urbina, quien estaba residenciado en esa ciudad de Cartagena de Indias, donde vivía con doña Andrea de Erazo y con tres hijos, era de público conocimiento que se había casado primero en Sanlúcar de Barrameda con Lucía Martín, conocida también como Lucía de Urbina, de más o menos ochenta años. Agregó que cuando zarpó de allí hacía cuatro meses, ella estaba viva y gozaba de buena salud.

Tal fue el descargo y, cuando salió el marinero Duque, José Luis de Vanegas quedó congelado en su silla, sin voz y sin resuello. ¿Qué pecado horrible había cometido su amigo Juan de Urbina y cómo lo había ocultado por tanto tiempo?

La noticia lo tuvo consternado y no tuvo tiempo de reponerse, porque pocos días después la escena se repitió de manera dolorosa. Otros tres marineros del Santa Ana María se presentaron en días sucesivos, cada uno por su cuenta, para deponer, según dijeron, "por descargo de sus conciencias": Juan López, Adalberto Terán y Domingo Hernández. Vanegas les tomó las declaraciones. En lo esencial, afirmaban que el capitán Juan de Urbina era bígamo, pues se había casado en las Indias estando casado antes en Sanlúcar, y que la primera mujer continuaba viva. Hernández parecía más suelto de lengua que sus compañeros, más dispuesto a entrar en detalles y, al notarlo, José Luis de Vanegas puso en juego su pericia de juez investigador. Indagó por su relación con el contramaestre Rodríguez y por los posibles intereses oscuros que podían estar en juego; y esto fue —palabra más o menos— lo que anotó en el folio:

El contramaestre Vicencio Rodríguez, en repetidas ocasiones, le había preguntado a Hernández si conocía en Sanlúcar a doña Lucía Martín de Urbina, la abuela de su mujer. Hernández la distinguía, pero no tenía cercanía con la familia. Vicencio le respondió que eso no importaba, que lo esencial era que sabía quién era y que estaba viva. Ya en Cartagena, Vicencio le solicitó que lo acompañara a una diligencia personal. Llegaron al cantón de una esquina de la calle de la Carrera, que hace frente a la Plaza de Armas, cerca de la iglesia, y esperaron a que terminara la misa. El contramaestre se mostraba nervioso. Entre los fieles que salían apareció un hombre alto, cuya indumentaria denotaba distinción. Traía la cabeza descubierta, el sombrero en la mano y venía escoltado por un negro. Vicencio le anunció a Hernández que ese era el capitán Juan de Urbina, el hombre que buscaban, y que le pusiera atención a la nariz. En efecto, allí, en la parte baja, parecía tener como una mancha o rugosidad, que se veía patente cuando los rayos del sol le daban de lleno. Hernández le calculó entre sesenta y sesenta y tres años; su cabello estaba poblado de canas y el rostro un tanto ajado y tostado. Al salir de la iglesia y sentir el sol, el capitán se puso el sombrero. Vicencio le pidió a Hernández que permaneciera donde estaba y que estuviera alerta, y abordó al capitán. Lo saludó con una inclinación de cabeza y comenzó a hablarle. Juan de Urbina se mostró sorprendido y detuvo la marcha. El esclavo se mantenía a prudente distancia. El diálogo que escuchó Hernández fue el siguiente:

—¿No me recuerda usted? Yo soy Vicencio Rodríguez, de Sanlúcar de Barrameda, la persona que hace dos años lo buscó para traerle el recado de la señora Lucía de Urbina.

—No señor, no lo recuerdo, y tampoco sé quién es esa señora.

—No se haga el desentendido. Usted es Juan de Urbina, el esposo legítimo de Lucía de Urbina. Yo estoy casado con Isabel, una nieta de ustedes. Hace dos años se lo dije. Le dije también que si enviaba mil pesos para las necesidades de la señora y de la familia, este asunto no pasaría a mayores. Ella es buena cristiana y quedará satisfecha con que le socorriese y le favoreciese. Usted se negó y yo no pude hacer nada ante la Inquisición porque no tenía los papeles para probarlo. Ahora los traigo conmigo.

—Venga acá señor Vicencio Rodríguez. Yo no soy esa persona que dice. Yo no tengo mujer en Sanlúcar de Barrameda.

—Usted sí es, en estos papeles tengo la prueba; además, usted la lleva en su propio rostro, la herida en la nariz que se hizo siendo mozo en Sanlúcar.

—¿Cuál herida? Esto es de una buba que me sanaron en Santiago de Tunja hace más de treinta años. Además, a usted no le importa lo que yo llevare en mi rostro.

—¿Se niega, entonces, a darme el dinero?

—Qué tal que le entregue ahora mil pesos. El año que viene volverá a pedirme otros tantos, y así, cada que pase por Cartagena.

—Si así fuese, no los echaría usted en saco roto. Su legítima mujer los necesita para ella y para los nietos.

—No faltaba más. Muy bueno fuera eso, plegarse para que cada año lo tengan a uno por pechero. No le voy a dar lo que pide.

—Ahora, señor, traigo recados bastantes para que si usted no hace lo que debe, yo haga por ella mi diligencia.

Vea si quiere que los presente en la Inquisición, o que no los presente, que haré lo que vuestra merced me ordene.

Ahora hablaban más recio. Rodríguez agitó unos papeles en la mano derecha. Urbina se demudó y se puso blanco, e hizo un gesto de rechazo. Entonces respondió:

—Usted haga lo que quisiere... ¿Qué ganarían vuestra merced y esa mujer si a mí me prenden?

Hernández se acercó aún más porque le pareció que el negro también se acercaba y temía que su patrón estuviese en peligro. Cuando llegó junto a ellos, Urbina repitió el gesto de rechazo, les dio la espalda y se alejó, seguido por el esclavo.

Hernández terminó su testimonio describiendo el estado en que quedó Vicencio: muy enojado, echando bravatas de que iba a presentar los papeles, y de que a Urbina le habría de costar caro. Levantando la voz, espetó:

—¡Pues yo le voto a Dios que le ha de pesar!

Luego, cuando regresaban al puerto, Vicencio le explicó a Hernández que era la segunda vez que se sentía rechazado por Juan de Urbina. En el viaje anterior, dos años antes, había sucedido algo similar. Y concluyó diciendo:

—Si no vienen buenos, otros años los traerán mejores.

¡Juan de Urbina, bígamo!

José Luis de Vanegas no salía de su asombro. Al capitán le guardaba aprecio y por un momento se imaginó el calvario que se le venía encima. De inmediato recordó el caso de Arellano, condenado por bigamia unos años antes. Quedó envilecido por el largo cautiverio que tuvo que soportar mientras se adelantaba el juicio, hasta el punto de que su figura se redujo a un guiñapo. Cuando desfiló entre los reos, parecía incapaz de llevar el cirio apagado; tropezaba, a duras penas se tenía en pie. Sufrió desmayos mientras estuvo argollado, expuesto a la vergüenza pública. Y encima le propinaron doscientos azotes. Pasó a galeras pero nunca completó la condena, porque murió a las pocas semanas. En el desempeño de su trabajo, Vanegas conoció casos parecidos y no acababa de acostumbrarse. Una cosa era el sagrado deber de la justicia y otra tener que servir de agente cuando la agonía de las víctimas se prolongaba en la miseria y el dolor. Mientras las víctimas fuesen desconocidos, la situación era difícil pero soportable; cuando se trataba de familiares o amigos, era insufrible. Entonces se preguntaba porqué no se había quedado de simple escribano de asuntos civiles en la provinciana Tunja. Pero el curso de su vida corría ahora por los causes de la Inquisición, y ya no era el momento de recular. ¿Como había llegado a familiarizarse con ese trabajo? Recordó sus primeras experiencias como juez del Santo Oficio. En Cartagena había cuatro calificadores, él era uno de ellos. Otro, su más cercano colega, era el licenciado Alfredo Meneces quien tenía más antigüedad en el cargo. Cuando Vanegas se posesionó, fue Meneces quien le entregó copia del *Directorio de inquisidores*, manual de prácticas inquisitoriales al que debía someter su trabajo. Compuesto hacía trescientos años por el aragonés Nicolau Eymeric (célebre, entre otras cosas, por haber procesado a Raimundo Lulio), había sufrido sucesivas correcciones y ampliaciones y servía de texto legal y canónico en los países católicos. La edición en latín vulgar que usaban en Cartagena estaba dedicada a Gregorio XIII y en la introducción se aseguraba que el Padre Eterno fue el primer inquisidor, que el primer hereje fue Caín, que Dios delegó en Moisés tal responsabilidad y que este la llevó a cabo matando en un día veinte y tres mil herejes apostatas que adoraban un becerro de oro. En ella se alababa la Inquisición como la más fructífera y la más gloriosa de las instituciones del orbe católico.

Vanegas se consagró al estudio del *Directorio* para evitarse problemas en lo personal. En él encontró lo que requería para llevar a cabo su labor: normas para la formación y sustentación de las causas, manejo e interrogación a testigos, defensa, tortura, rebeldía, fuga, absolución, castigos, multas, confiscaciones, privación de empleos, cárcel, relajación. Algunos de sus apartes acudían a su memoria de forma puntual. Traducidos al castellano rezaban, más o menos, de la siguiente forma: se ha de proceder llanamente, sin sutilezas de abogado, sin mayor solemnidad en el proceso; los trámites han de ser cortos, en lo posible, dejándose de dilaciones superfluas, no parándose en sustentación, negándose toda apelación que solo sirva para diferir la sentencia, no admitiendo muchedumbre de testigos. La omisión de los requisitos que en derecho se requieren, no hace nulo el proceso. Hay que darles tormento a los locos, porque con frecuencia la locura es fingida. Se admiten testigos falsos siempre que sea en contra del acusado. Si un testigo falso retracta la primera declaración favorable, los jueces se atendrán a la segunda. También se admiten declaraciones de familiares del reo, siempre que sean adversas. Al entrar al salón del tormento, los verdugos y sayones han de desnudar al reo, procurando meterle miedo, y, una vez desnudo, lo llevarán aparte con los inquisidores, exhortándole a que confiese. Los hijos deben ser castigados por las culpas de los padres... Vanegas nunca se preguntaba por la piedad o justicia de las normas: evitaba reflexionar sobre asuntos tan delicados. Simplemente las aplicaba y, en caso de duda, consultaba a Meneces o dejaba la decisión en manos de los superiores.

Otras normas básicas que regulaban el trabajo de los jueces estaban recogidas en los *Edictos generales de la fe*, que se conocían también como *Edictos de las delaciones*. Fueron emitidos por el Consejo de la Suprema Inquisición española y los obispos los hacían leer en las parroquias de su jurisdicción por lo menos una vez al año. A estas lecturas debían asistir todas las personas mayores de ocho años, so pena de sanciones severas. Su lectura tardaba fácilmente dos horas. El propósito era estimular entre los fieles la delación de herejes y pecadores. En él se enumeraban y describían los pecados que debían delatar. La bigamia era uno de ellos, y en el documento se aseguraba que, por lo general, la bigamia estaba relacionada con la herejía, porque era práctica corriente entre los moros encubiertos.

Después de la amistad que lo unió con Urbina en Tunja, ahora el destino los colocaba en posiciones encontradas. ¿Era Urbina un hereje encubierto? ¿Era un pecador redomado que era necesario castigar con todo el peso de la ley, o se trataba de un monstruoso malentendido?

En realidad, ¿qué sabía de Juan de Urbina? Parecía buen católico, devoto de la Virgen, respetuoso de las normas, sumiso al Rey. Conocía sus dotes de lector y escritor, su desempeño eficiente como ayudante de Sáenz de Hurtado y los otros notables cuando redactaron la súplica a Felipe II, y los servicios que había prestado en la encomienda de Chivatá. Recordaba con especial admiración su capacidad para recoger las inquietudes de los concurrentes a las veladas, resumir las opiniones, allanar las diferencias y redactar con soltura el documento. Escuchó que en algún momento había estado en Vélez y Pamplona, en desempeño de actividades propias de su cargo en la contaduría. Era alegre y buen compañero. Sabía, además, de ciertos pecadillos sin importancia y que no venían al caso: aquellas "cacerías" que organizaba Sáenz de Hurtado por los territorios de la encomienda —en las que participó el propio Vanegas— cuando se divertían persiguiendo a caballo a las mozas indias, acosándolas y violándolas entre el rastrojo; nada que pudiera ofender a la Inquisición, nada que oscureciera la reputación de un hidalgo español en estas tierras. De su vida anterior poco se sabía. Se atenía a lo que el propio Juan de Urbina había registrado en la solicitud para ser nombrado familiar del Santo Oficio. Allí hablaba de su participación en las armadas de Álvaro de Flores y Diego de Rivera, que ordinariamente partían de Sanlúcar de Barrameda y Cadiz (de modo que era innegable que Urbina había estado en Sanlúcar) y luego en la expedición de los carabelones organizada por el gobernador Bahamón de Lugo. De su matrimonio con la señora Ana Teresa López de Sandoval, quien había muerto de parto, dejándole un hijo, Antonio María Urbina y López, un distinguido sacerdote jesuita, devoto y buen orador, que vivía en Santa Fe de Bogotá. De su segundo matrimonio con doña Andrea de Erazo, en la ciudad de Zaragoza, con quien había tenido tres hijos que ahora lo acompañaban en Cartagena de Indias y a quienes Vanegas bien conocía, por ser vecinos en la ciudad. Sin embargo, si algo positivo había aprendido Vanegas en su trabajo de inquisidor, era que, en caso de ignorancia, lo mejor era desconfiar. Recordaba que en uno de los pasillos del Palacio de la Inquisición, después de un juicio particularmente difícil, le había escuchado a Mañozga esta perla: "En caso de duda, no hay duda: ¡Es culpable!", perla que, por supuesto, nunca había sostenido en público. Como ignoraba muchas cosas de la vida de Urbina, en algún recodo de su existencia se escondía la culpa. Desconocía su origen y primera juventud; pudo casarse joven en Sanlúcar, o pudo regresar a España y residir un tiempo en Sanlúcar sin que sus amigos se enteraran. En el largo periplo de aquella vida cabían muchas —tal vez demasiadas— acciones deshonestas, que bien podían quedar ocultas por mucho tiempo.

Había, sin embargo, detalles que hablaban en favor del sospechoso: lo primero, si su pasado estuviese manchado, lo sensato sería permanecer a la sombra en Cáceres o en algún poblacho perdido en las montañas del interior, lejos de los viajeros que venían de España, lejos de investigadores y testigos. Es decir, nunca se habría atrevido a fijar su residencia en un puerto tan frecuentado como Cartagena de Indias. Lo segundo, nunca se le habría ocurrido someter voluntariamente su nombre ante los altos dignatarios del Tribunal, con el objeto de ser reconocido como familiar. Urbina quizás contaba todavía con esa dignidad para sus años de vejez; su vida había sido parcialmente investigada sin que hasta ese momento se hubiese encontrado impedimento, y solo faltaban algunos registros de bautizo, incluido el del propio Juan de Urbina. (Ahora, la sola acusación de bigamia, aunque resultase falsa, echaba por el suelo tales pretensiones). Una tercera razón en favor de Urbina era su comportamiento en el auto de fe cuando procesaron a Arellano por bigamia. En la ceremonia, Vanegas ocupó uno de los estrados entre los funcionarios del Santo Oficio y Juan de Urbina estuvo mezclado con la multitud en la plaza. Pero luego se encontraron, comentaron los incidentes y se detuvieron en el caso de Arellano. Juan de Urbina no mostró ninguna emoción particular, distinta a la impresión que le había causado el auto en general. El delito de bigamia y el castigo tan severo no le despertaron reacciones que lo delataran. Si él mismo hubiese sido bígamo, de seguro habría estado inquieto, viendo en el condenado un espejo de lo que le deparaba el futuro.

Más aún: lo que mostraban las primeras declaraciones de Duque, López, Terán y Hernández era que se trataba de una venganza o un chantaje. Vicencio Rodríguez abusó de su cargo de contramaestre para obligar a sus marineros a acudir a la Inquisición y para que dieron las primeras declaraciones. Sin duda no calculó los riesgos. Duque, López y Terán se limitaron a lo esencial. En cambio, Hernández habló más de la cuenta, fue víctima de la pericia del investigador; cayó en sus redes y puso en evidencia un intento de chantaje. El hecho de que Urbina no se hubiese plegado al chantaje denotaba entereza de carácter y, quizás, inocencia. Pero el chantaje no era un delito que cayera en el ámbito jurisdiccional de la Inquisición sino en el de la justicia secular. Si se probaba que el acusado era bígamo, el intento de chantaje no atenuaba el castigo. Además, los procesos se iniciaban con dos declaraciones escritas y firmadas, de testigos que aseguraran la existencia del delito. Esto estaba claro en el *Directorio*. En el caso de Urbina no se tenían dos sino cuatro, las de Duque, López, Terán y Hernández. ¿Por qué, si con dos era suficiente? Tal abundancia ya era sospechosa. A Vanegas no se le ocultaba que, con frecuencia, detrás de este tipo de actuaciones estaba la figura de un letrado. Los bienes del reo iban a ser secuestrados cuando se formulara la acusación. Si luego resultaba culpable, pasaban a ser propiedad de la Inquisición —de hecho, esta era su principal fuente de recursos—. Pero una parte quedaba para los demandantes. Por eso la fórmula "por descargo de su conciencia" podía ocultar el pecado de la codicia: codicia de los familiares interesados, codicia de los testigos comprados con promesas de compensaciones futuras, codicia de los letrados que ayudaban a los demandantes. Una de las normas del *Directorio* aconsejaba evitar muchedumbre de testigos. Pero ya no había remedio: las cuatro declaraciones estaban consignadas, aunque en forma escueta.

Esto apenas era el comienzo; ya las cosas tomaban su ritmo: Vicencio Rodríguez podía partir de viaje sin presentar los documentos que decía tener, pero la Inquisición ya no iba a detenerse. En los folios aparecía la denuncia. La maquinaria estaba en funcionamiento; el delito, si existía, tenía que develarse y castigarse.

El punto que más preocupaba a Vanegas, sin embargo, era que, dadas las normas y procedimientos de la Inquisición, le iba a ser imposible ayudarle a su amigo. Los inquisidores eran implacables: podían pecar por el rigor en los juicios y las sentencias; podían, inclusive, condenar inocentes. Lo que no podían era mostrarse débiles, compasivos con los reos, dispuestos a juzgar y a sentenciar con el pulso ablandado por el sentimiento de la amistad o la relación de familia. El aparato del Santo Oficio se alimentaba con este tipo de casos. Los hechos tomaban su derrotero y era inminente la caída de Juan de Urbina al abismo de la infamia y el castigo. Y José Luis de Vanegas no tenía alternativa: iba a proceder con dureza y frialdad en esta primera etapa. Era la forma de conservar su cargo. Pero una vez señalada la víctima, lo indicado era apartarse de ella y dejarla a su suerte, para lo cual José Luis tenía la excusa perfecta: había tenido trato personal con el acusado y podían surgir dudas sobre la imparcialidad que requerían los negocios del Santo Oficio. Llegado el momento, hablaría con sus superiores para que asignaran otro juez. Además, no dudó que Luis Blanco, el otro funcionario que había compartido con ellos las delicias de la vida de Santiago de Tunja, iría a adoptar un comportamiento similar cuando se enterara de la existencia del proceso.

Finalmente había un punto sobre el cual no tenía claridad: ¿hasta cuándo debía mostrarse amigable con Juan de Urbina? Cuando el engranaje se ponía en marcha, el secreto era la primera y máxima exigencia. Según rezaba la norma, el secreto se justificaba para "no comprometer la fama del acusado", y así lo proclamaban con orgullo los voceros de la Inquisición. Lo que no mencionaban tales voceros era el inmenso beneficio que recibían los propios inquisidores. Con el secreto se ocultaban los abusos de poder, las arbitrariedades, la ineficacia en los procesos, los olvidos, las equivocaciones y la preparación pésima de algunos. Durante varios años y al amparo del secreto, crecía el expediente, se sumaban las declaraciones, aumentaban las pruebas y el implicado solo se enteraba cuando era tomado preso. En ese momento el cúmulo de folios era tal, que ni el más avezado abogado era capaz de poner en claro los hechos y explicar las contradicciones.

El punto delicado era que, mientras durara el secreto —es decir, mientras el reo no fuera puesto preso— los funcionarios debían continuar con el mismo comportamiento —los mismos gestos de amistad— que tuvieran hasta entonces. Por un lado impulsaban la investigación, por el otro fingían una amistad que ya no existía. ¿Qué cara iba a ponerle a Juan de Urbina? ¿Cuál sonrisa iba a exhibir, con qué saludo lo iba a honrar cuando se encontraran en el templo o se cruzaran en alguna de las calles de Cartagena de Indias?

Vicencio Rodríguez se demoró hasta el último momento. Se presentó ante el Santo Oficio el día anterior a la partida de su galeón. José Luis de Vanegas lo esperaba. Rodríguez se identificó como contramaestre del Santa Ana María; dijo tener 38 años y estar casado en Sanlúcar de Barrameda con Isabel, una nieta de Juan de Urbina y Lucía Martín, y que convivía con ella en esa ciudad. Venía a deponer en contra de Juan de Urbina porque, según le habían informado, este se había casado en algún lugar de Tierra Adentro con una señora Erazo, estando viva la primera mujer. Tales informes ya eran conocidos por el tribunal, por los testimonios de los marineros; ahora él quería presentar los documentos para probar lo dicho: dos registros parroquiales de una iglesia de Sanlúcar de Barrameda. En el primero constaba que Isabel Urbina había sido bautizada un domingo, el cinco de diciembre de 1582, y que era nieta de Juan de Urbina y Lucía Martín de Urbina. El segundo era del mismo tenor y se refería a la hermana mayor de Isabel, de nombre María.

—¿Y eso es todo?, preguntó Vanegas.

Vicencio Rodríguez vaciló. Explicó que no traía el registro de matrimonio de los abuelos porque en dicha iglesia no había libro de desposorios tan antiguo. Mucho menos podía presentar el registro de bautizo de Juan de Urbina, porque ni siquiera tenía noticia del lugar de su nacimiento; solo sabía que no era oriundo de Sanlúcar. Enfatizó que no había duda respecto de la identidad del implicado: tenía una cicatriz nasal que lo delataba. Dijo que la propia esposa, Lucía Martín, narraba el origen de la cicatriz. Se la había hecho con un cántaro durante una cosecha, cerca de Sanlúcar.

En este punto el Licenciado Vanegas lo interrumpió y le hizo caer en cuenta que ese tipo de testimonios tenían que ser ofrecidos por la propia interesada, si estaba viva, no por interpuesta persona, ante lo cual Vicencio afirmó que la señora Lucía sí estaba viva, y en disposición de deponer en Sanlúcar, o donde la Inquisición mandase, y que también había un buen número de ancianos en esa ciudad que podían dar fe de la boda, de la vida maridable que sostuvieron Juan y Lucía por varios años, y del origen de la señal.

Al salir Vicencio Rodríguez del Palacio de la Inquisición, José Luis de Vanegas se quedó pensando en el detalle de la herida. Bien recordaba que Juan de Urbina se había hecho tratar una buba por el médico José de Aranjuez Solana en Santiago de Tunja y que, hasta donde le daba la memoria, Urbina no tenía ninguna cicatriz antes de ese incidente. Pero cuanto más pensaba en el asunto más complicado se le hacía. Dos o tres días después ya no estaba seguro de nada. Tal vez Urbina si traía una cicatriz —más o menos disimulada— y la buba solo la había puesto de manifiesto. Lo único que le quedaba claro era que, bajo ninguna circunstancia, estaba en condiciones de jurar que el Juan de Urbina que conoció en Santiago de Tunja estaba libre de señales. Tal vez el médico José de Aranjuez y Solana sí pudiera jurarlo, pero, según recordaba, había muerto hacia años en la misma Tunja. ¿Estaría Luis Blanco en condiciones de declarar sobre alguna cicatriz? Lo dudó; Blanco era un hombre sagaz y no iba a dejarse mezclar en este asunto.

Vanegas también se preguntó quién era el tal Vicencio Rodríguez. Repasó las declaraciones y, en días sucesivos, indagó con las gentes del puerto: era el contramaestre del galeón Santa Ana María, estaba casado con una señora de nombre Isabel y residían en Sanlúcar de Barrameda. En sus distintos viajes por los puertos de América —hacía más de diez años que los visitaba— Vicencio siempre preguntaba por Juan de Urbina. Sin duda la familia no había perdido la esperanza de encontrarlo. Si estaba vivo, él tendría que reconocer sus obligaciones con la esposa y los hijos. Si hubiese muerto, alguna herencia habría dejado y sería menester reclamar los derechos, en nombre de los deudos. Por fin, en 1625, mientras el Santa Ana María estaba al pairo en Cartagena, Vicencio tuvo noticias de un Juan de Urbina, capitán, con fama de rico, quien había fijado su morada hacía poco en ese puerto. Vicencio se entusiasmó con la noticia y se dedicó a buscar informes en las tabernas y demás mentideros. Se trataba de un hombre entrado en años, que había amasado fortuna en las minas del interior y tenía una señal en la nariz. La novedad era que estaba casado con una señora de apellido Erazo, con quien tenía hijos. Si se tratara del abuelo de su mujer —y esto era lo más probable, dada la señal de la nariz— Vicencio tenía entre manos la oportunidad de su vida. Nada más sencillo: abordarlo en privado, echarle en cara la acusación de bigamia, amenazarlo con la Inquisición, ofrecer silencio a cambio de una buena tajada. El incauto Urbina, sorprendido *in flagranti crimine*, se plegaría inmediatamente.

Pero las cosas no sucedieron como lo había imaginado. Al fracasar el segundo intento de chantaje y al darse cuenta de que Juan de Urbina era un hombre de carácter que aun disponiendo de dineros para evitarse problemas con la Inquisición, había enfrentado los riesgos increpando al delincuente y negándose a someterse, ya no tuvo otra salida que presentar la denuncia ante el tribunal.

El siguiente paso, de acuerdo con lo estipulado en el *Directorio,* era una "pesquisa preliminar y secreta" sobre la persona denunciada. Urbina había presentado documentos para sustentar su petición para ser nombrado familiar. En ellos nada estaba en contra del solicitante; todos eran favorables (de lo contrario no los habría presentado). Además, eran insuficientes, porque con ellos no se pudo demostrar la pureza de sangre de padres, abuelos y bisabuelos. De acuerdo con el espíritu del *Directorio*, se requerían documentos y testimonios que probaran la existencia del delito, no que lo ocultaran. Se trataba, pues, de iniciar una nueva investigación, y los primeros trámites serían las declaraciones de Lucía Martín y de otros testigos que residían en Sanlúcar, y, por lo tanto, sería el tribunal de Sevilla el encargado de llevarlos a cabo. Al mismo tiempo había que tramitar notificaciones y órdenes a comisarios de otros lugares de España y de las Indias, para allegar los documentos del caso. La falta de claridad sobre la pureza de sangre sumada ahora al posible delito de bigamia complicaba las cosas, porque los seguidores de la secta de Mahoma eran propensos a este delito, según se exponía en los *Edictos*.

José Luis de Vanegas se puso en estas tareas pero, pocas semanas después, encontró la ocasión de discutir el caso con sus superiores y de informarles sobre la relación de amistad que había tenido con el reo, razón por la cual solicitaba ser apartado del caso. La solicitud fue aceptada por el Consejo y el proceso quedó en manos de otro juez calificador, el licenciado Alfredo Meneces.

Después del primer encuentro entre Vicencio Rodríguez y Juan de Urbina, ocurrido en Cartagena de Indias el 14 de julio de 1625 que, como sabemos, no arrojó resultados positivos para Rodríguez, este se embarcó y regresó a Sanlúcar de Barrameda. Allí reunió a los parientes de su mujer. Les dijo que había localizado al abuelo, que este era un hombre riquísimo y que vivía en Cartagena de Indias. Detuvo su discurso para medir el efecto y todos se mostraron alborozados. Sin duda iban a reconciliarse y a gozar de su riqueza. Cuando habían saboreado esta primera noticia, les soltó la verdadera bomba: el abuelo había contraído otras nupcias, estando viva la señora Lucía. Entonces la reacción general fue la contraria: de indignación. Se sentían engañados, el abuelo era un villano. A continuación Vicencio procedió a describir al implicado, y ahora la primera sorprendida fue la propia Lucía Martín. Ella lo recordaba blanco, grueso, de ojos azules, más bien bajito, mal hablado y de poca cultura. Tenía una fea señal en la cara, producto del golpe con un cántaro. Debía tener ochenta años. El Juan de Urbina que Vicencio describía era elegante, alto, de rostro sereno, ojos oscuros y tez curtida por el sol. No parecía tener más de sesenta y cinco años. Sí presentaba una señal en la nariz, pero esta bien pudiera ser una mancha de sol, o la cicatriz de una herida menor. Discutieron. Vicencio sostenía su posición: todas las personas cambian con los años. Se vuelven gordas o flacas, se encogen o se estiran, conservan la blancura o la pierden por acción del sol. Las cicatrices se adelgazan. Hasta los ojos pueden cambiar de color. La riqueza siempre otorga un aire de distinción y juventud. Sin embargo, tenía una señal en la nariz. Eso era lo esencial; una señal que lo delataba en cualquier circunstancia. Sin duda se trataba de la misma persona. Sobra decir que todos se acogieron al argumento de Vicencio.

Entonces buscaron un letrado que les ayudara, y lo encontraron en el esposo de una prima lejana, Mendo Jiménez de Orzúa, quien residía en Cádiz y había llevado negocios en la Inquisición de Sevilla. Luego de varias consultas se impuso la conveniencia de abrir un proceso en Cartagena de Indias, acusando a Juan de Urbina de bigamia. Con tal proceso, Lucía Martín y sus parientes y conocidos se proponían demostrar que él era el mismo que había sido mozo de cuadra y esposo de Lucía cincuenta años antes en Sanlúcar. Jiménez de Orzúa diseñó la estrategia, dio instrucciones para seleccionar los testigos y pautas para la búsqueda de documentos. Era una suerte contar con Vicencio quien, en su carácter de contramaestre de un bajel que pasaba frecuentemente por Cartagena, era la persona indicada para iniciar el proceso. Vicencio, a su vez, debía seleccionar entre sus hombres de confianza tres o cuatro marineros que fuesen oriundos de Sanlúcar, para que sus declaraciones sirvieran de cabeza de proceso. El registro de matrimonio era una de las pruebas más efectivas, pero nunca fue encontrado. Aparecieron solo los registros de bautizo de Isabel y María, en los que figuraba el nombre de Juan de Urbina. La familia estaba segura de que existían otros documentos, quizás una escritura, pero no sabían como buscarlos. Mendo no se desanimó; dijo que ante la falta de pruebas documentales bien podían servir los testigos, sobre todo si había abundancia de ellos, y procedió a instruir a Vicencio, quien a su partida se llevó consigo los registros mencionados. Entre tanto, la familia continuó buscando la supuesta escritura y se dispuso a contactar a los posibles testigos.

Frente al entusiasmo de hijos, nietos y yernos, Lucía Martín reaccionó con escepticismo. Era una mujer taciturna y de mal genio. Había llevado una vida de trabajo y pobreza. Ahora le pesaban los años, perdía la memoria y lo único que le generaba el nombre de Juan de Urbina era un rencor sordo, un sentimiento oscuro y sin esperanza. Lo poco que recordaba de su esposo era el mal trato que le dio durante los años que vivieron juntos. Era bebedor, grosero, juerguista, propenso a la violencia y en más de una oportunidad la había golpeado. Ella, por su parte, era una mujer agraciada, de armas tomar. Tanto llegó a odiar a su marido que le fue infiel repetidas veces: se acostó con cualquiera que la mirara con deseo. Por eso no sabía a ciencia cierta cuáles eran los hijos de Juan de Urbina y cuales los de los vecinos y forasteros que pasaron por su lecho. Un día llegó noticia de que un tío rico de Urbina había muerto en Portugal y le había dejado herencia. Juan partió para ese país y Lucía sintió alivio; no le importaba la pobreza con tal de no vivir con él. Durante algunos meses llegaron noticias; luego hubo silencio. De eso hacía ya un buen número de años. Claro que eran sentimientos que se guardaba para sí misma; con nadie, ni siquiera con su confesor, los había compartido. Por eso, ahora que venían a decirle que María e Isabel eran nietas directas de Juan de Urbina, ella se reía en su interior. ¡Qué poco sabían las gentes de los verdaderos sentimientos y acciones de una mujer casada!

¿Qué podía esperar ella de la vida? Poca cosa; su salud ya no era buena, estaba tan vieja que casi nada le importaba. Pero hijos, nietos, sobrinos y demás parentela estaban trastornados con la noticia de que el abuelo era un indiano rico, dueño de esclavos, que vivía a todo lujo en la fantástica Cartagena de Indias.

El día 12 de diciembre de 1627, Isabel y María sacaron casi en andas a su abuela, la señora Lucía Martín, para conducirla ante don Fernando Altamirano, comisario del Santo Oficio en Sanlúcar de Barrameda. Lucía se resistió pero la insistencia de sus nietas fue mayor. No tenía claro qué era lo que debía declarar ante funcionario tan imponente. Vicencio había regresado en noviembre. El proceso había quedado radicado en Cartagena y ahora lo único que ella tenía que hacer era "dar unas declaraciones". Tal había sido la orden del abogado Mendo Jiménez de Urzúa. Pero, ¿qué declaraciones? Y cada vez que las nietas se lo explicaban, ella confundía los nombres y las fechas. Caminaron por la calle de la Ascensión hasta la residencia del Comisario Altamirano. Allí los esperaban, pero solo dejaron entrar a la anciana. Esta recorrió unos corredores escoltada por un oficial. Entró en una estancia enorme, penumbrosa. Había muebles con libros; al fondo, una mesa detrás de la cual estaba don Fernando y, a su lado, frente a un escritorio menor, el escribano. Y contra la pared, un inmenso crucifijo. Al verlo, Lucía se santiguó; le temblaban las piernas; permaneció de pie, con las manos juntas sobre el pecho y la mirada clavada en el suelo. Don Fernando estaba acostumbrado a situaciones de ese tipo; sabía que con paciencia obtenía revelaciones sorprendentes. Le fue haciendo las preguntas mientras el escribano anotaba lo que lograban sacar en claro. Había incongruencias, vaguedades, inexactitudes, sobre todo en los nombres y las fechas, pero poco a poco fue surgiendo una historia.

Lucía dijo que no sabía su edad, como había afirmado durante toda la vida. Al ser reconvenida sobre este punto, dijo que "sesenta y seis". Los hijos y nietos le habían dado instrucciones al respecto y le hicieron repetir muchas veces "setenta y seis". Pero Lucía Martín no distinguía entre una cifra y otra. El escribano apuntó "sesenta y seis", pero pensó que en realidad tenía más de ochenta. Dijo ser la mujer de Juan de Urbina, con quien se había casado hacía cincuenta y cinco años. El escribano se preguntó si era posible una boda a los once. El comisario trató de concretarla y lo único que sacó en claro fue que la mujer no sabía contar arriba de veinte. Luego Lucía explicó que Juan de Urbina fue vecino de Sanlúcar; era natural, según creía, de Vizcaya, puebla de Valenzuela. No sabía cuándo había nacido. Se casaron cuando ella no había cumplido los quince y él apenas llegaba a los veinte. Juan tampoco sabía leer ni escribir. Se desempeñó como capataz en las tierras de Antón Velázquez, ya difunto. En una ocasión, estando con los segadores, quiso hacer alarde de fuerza y agilidad y bebió agua de un pesado cántaro cuando cabalgaba, con tan mala fortuna que el caballo dio una cabezada y Juan se dio en la nariz con el borde del cántaro. Esto le produjo una herida profunda; desde entonces la nariz le quedó "corcovada". Además, era cargado de espaldas, barbirrubio y zarco, las cejas muy espesas. Dijo que el matrimonio se había llevado a cabo en Sanlúcar. El comisario le preguntó que si *in facie Ecclesiae*. Ella no entendió, le explicaron la diferencia entre un matrimonio por la iglesia y un simple concubinato; primero respondió que sí había tenido lugar en la iglesia, luego que no. En cambio, se acordaba de la fiesta. La celebraron en el campo y acudieron peones de la región. Los esposos convivieron por cerca de diez años, tuvieron hijas e hijos, hasta que un día Juan recibió noticia de la muerte de un tío suyo en un pueblo de Portugal, cuyo nombre no recordó. Partió porque esperaba recibir herencia. Durante un año ella recibió noticias de su esposo, por conducto de distintas personas; él se enfrascó en un pleito y, según parece, al final recibió bienes. Entonces ella dejó de tener noticias. Un tiempo después supo, por un forastero que venía de Lisboa, que Juan se había embarcado para las

Indias con el producto de la herencia, y que seguramente se había radicado Tierra Adentro. ¿Cuáles Indias?, preguntó el comisario: ¿las de España o las de Portugal? ¿Quién era ese forastero? Lucía nada sabía.

El comisario le leyó a Lucía lo escrito por el auxiliar y le pidió que lo ratificara, para lo cual le dijo que todo iba a quedar en un documento *ad perpetuam rei memoriam*. Lucía se santiguó como si hubiese escuchado una jaculatoria. Fue entonces cuando se decidió a expresar el único dato que se había reservado: además de las señas referidas, Juan de Urbina tenía una lancetada en el muslo derecho, lo cual fue asentado por el escribano. No pudo firmar porque no sabía hacerlo. El auxiliar sirvió de testigo.

Después del último encuentro entre Vicencio Rodríguez y Juan de Urbina pasaron más de tres años sin que Juan de Urbina tuviera ninguna noticia del marinero ni de sus pretensiones de estafa. Durante este tiempo su vida fue plácida y sin complicaciones. Había liquidado sus riquezas en Cáceres, a donde tuvo que viajar en una oportunidad. En 1626 tuvo noticias del espantoso levantamiento de negros en Zaragoza y Cáceres, en el curso del cual murieron muchos españoles y se cimarronaron muchos negros. No cabía duda, Juan de Urbina era un hombre de suerte; había salido con su familia a tiempo de aquel infierno; lo protegía la gracia de Dios. Entonces se hizo más devoto y rezandero y gozaba de la presencia de sus hijos. Sí notó que la amistad que en otro tiempo lo unía con Luis Blanco y con José Luis de Vanegas se había enfriado. Aún lo saludaban con una venia y le sonreían cuando los veía en la iglesia, o se cruzaban en alguna calle, pero se negaban a cualquier diálogo con la disculpa de que estaban muy atareados. Entonces ya no volvió a pensar en su solicitud para llegar a ser familiar del Santo Oficio.

Se había aficionado a los animales, quizás para mitigar la nostalgia que le producían sus recuerdos de los años pasados en Cáceres. En el patio trasero de su casa tenía un mico saraguate al que le había dado el nombre de "Toño", en recuerdo de dos de sus más grandes amigos: Antoñico y Antonio de Arnalte; dos guacamayas y una enorme jaula con sinsontes que le alegraban la vida. Allí pasaba las horas de la tarde, después de la siesta, admirándolos y gozando del canto de los sinsontes. A las guacamayas las había amaestrado, enseñándoles frases en latín tomadas de los oficios religiosos, que las aves repetían mezcladas con palabras soeces que habían aprendido de los esclavos y las sirvientas. Fue un juego inocente que comenzó en una Semana Santa, cuando Juan de Urbina, luego de los servicios religiosos, entró al patio diciendo *amote ex toto corde* y una de las guacamayas lo repitió. Esto lo animó para decir otras frases como *ite, misa est*, y *benedicta tu in mulieribus*, que también fueron repetidas por las aves. Cuando ya habían memorizado un buen número de ellas, Andrea le hizo notar que el juego era peligroso. Cualquier vecino malqueriente iba denunciarlo ante las autoridades religiosas y aun ante la Inquisición por burlarse de los ministros de Dios. ¿Búrlase de los ministros? "Claro, estos loros hablan exactamente como el obispo en las misas solemnes", replicó ella. A Juan le quedó sonando la advertencia; temió que lo acusaran de burla y hasta de blasfemia, y decidió suspender el juego, pero lo que habían aprendido las aves ya no era fácil hacérselo olvidar. ¿Cómo convencerlas de que no debían repetir las frases? En estas circunstancias, se propuso mantenerlas ocultas, y buscar la oportunidad de salir de ellas sin maltratarlas o sacrificarlas, ya que les tenía gran cariño.

El 13 de noviembre de 1630, al atardecer, Juan de Urbina estaba en el patio conversando con sus guacamayas cuando vino una de las sirvientas a anunciarle que en el salón principal de la casa estaban dos funcionarios del Santo Oficio preguntando por él. Juan de Urbina se sobresaltó. ¿Será por lo de las guacamayas? Al siguiente instante pensó que, más bien, venían a notificarle sobre el resultado de su vieja solicitud de ser familiar del Santo Oficio. Al ingresar al salón, los funcionarios continuaban de pie; Juan de Urbina los saludó amablemente y los invitó a tomar asiento, pero ellos se negaron y sin ningún preámbulo le dijeron que venían a conducirlo preso a las cárceles secretas de la Inquisición. Juan de Urbina no comprendió, y pidió que se lo repitieran. Cuando le confirmaron la orden de arresto, se dejó caer sofocado en una de sus sillas. Luego, demudado y sin habla, se puso de pie, pero todo su cuerpo temblaba. Andrea de Eraso ingresó al salón, se enteró de la orden de arresto y reaccionó con llanto, a pesar de lo cual el reo fue esposado y conducido en seguida al Palacio de la Inquisición. No le dieron tiempo de empacar alguna prenda de vestir o tomar algún alimento. A duras penas pudo besar a su mujer y abrazar a uno de sus hijos que estaba presente. La noticia se difundió por el barrio y muchos presenciaron cómo era sostenido por los guardias, porque de lo contrario habría quedado tendido sobre las piedras de la calle. Los vecinos ingresaron en su casa, las mujeres abrazaban a Andrea Erazo, y esta, entre lágrimas y sollozos, no encontraba palabras para expresarse.

Juan de Urbina estuvo incomunicado por una semana, esposado, atado con una cadena y sin ver la luz del sol. Recibía un alimento magro a través de un torno. El día 20 fue conducido a una sala de audiencias por dos guardias para tomarle la primera indagatoria. En su recorrido pasó frente al salón del tormento. La puerta estaba abierta y en su interior estaban visibles los instrumentos de tortura, de los cuales él había oído hablar, pero nunca los había visto: la garrucha, que consistía en una polea u horca, con la cual levantaban al reo con las manos atadas a la espalda, para descolgarlo de tal modo que su cuerpo quedara dislocado. Y, más al fondo, un bastidor, conocido como "escalera", donde ataban al reo de tal modo que la cabeza le quedara más baja que el cuerpo. Le abrían la boca, se la mantenían abierta con un trapo y le echaban agua con un jarro, para llevarlo al borde de la asfixia. Juan de Urbina se quedó mirando desconsolado aquellos instrumentos. Los guardias se lo permitieron por unos momentos, mientras le hacían comentarios jocosos sobre lo que le esperaba. Siguió avanzando con paso vacilante hacia el salón, donde lo recibieron tres funcionarios —a quienes no reconoció. Estaban sentados, vistiendo sus túnicas rituales, ante una mesa pelada. El del centro parecía ser el juez mayor. Detrás de ellos, en la pared, estaba el crucifijo del Santo Oficio. Al lado de la mesa principal, una mesa pequeña frente a la cual dos amanuenses con los instrumentos de escritura, estaban listos para redactar el acta. Al reo no se le permitió tomar asiento y continuó esposado. Los dos guardias permanecieron también de pie, un poco más atrás, listos para intervenir en cualquier eventualidad. El juez mayor inició el acto con una oración. Luego de tomarle juramento, empezaron las preguntas. Dijo llamarse Juan de Urbina, natural de Andagoya, en el valle de Quartango, jurisdicción de la ciudad de Victoria, de edad de sesenta y tres años, poco más o menos, de casta de cristianos viejos e hijo de hidalgo. Que era hijo de Francisco Ortiz de Urbina, natural de Santa María de Riba-Redonda, en la Bureba, y de María Sáenz de Zárate, natural de dicho lugar de Andagoya, y vecina de él. Dijo también que era nieto por parte de padre de Rodrigo Ortiz de Urbina, natural de Bureba, y de Casilda —o Catalina de tal, no se acordaba del sobrenombre de la abuela— y por parte de madre, de Juan Sáenz de Zárate y Catalina de Ochoa, vecinos de Andagoya. Y entre otros hermanos mencionó a Isabel Ortiz de Urbina, mujer de Francisco Díaz Hidalgo, vecino de Pancorbo, y a María Urbina. Nombró también tíos paternos y maternos. En esencia, dijo lo mismo que había consignado años atrás en la petición para ser admitido como familiar. Uno de los jueces le preguntó si alguno de sus parientes había estado en Lisboa, a lo cual no supo responder. Luego le preguntaron por su matrimonio o matrimonios. Respondió que se había casado en Santa Fe de Bogotá con Ana Teresa López de Sandoval, hija del capitán Diego López de Sandoval, de la guardia del presidente Francisco de Sande, y que ella había muerto poco después de parto, dejándole un hijo, Antonio María Urbina y López, jesuita. Y que luego había contraído segundas nupcias con doña Andrea de Erazo, en la ciudad de Cáceres de Indias. Aún vivía con esta señora en Cartagena de Indias y con ella tenía tres hijos. Vuelto a preguntar sobre este particular aseguró bajo la gravedad del juramento que nunca había tenido otras mujeres.

Entonces el juez le solicitó que ampliara la declaración sobre el decurso de su vida. Juan de Urbina contó sobre su aprendizaje a leer y escribir en la puebla de Arançon, sobre su paso a Sevilla para servir de ayudante a dos mercaderes, Domingo de Corquera y Pedro de Abacía, por cinco o seis años; habló de su ingreso a la armada del general Álvaro de Flores, siendo aún menor de edad, y con permiso de su padre. Explicó que había sido asignado al galeón Nuestra Señora del Barrio, comandado por un capitán de apellido Tapia, cuyo nombre no recordaba. El embarque tuvo lugar en el puerto de Sanlúcar de Barrameda. Aseguró que solo estuvo en este puerto por dos días. Dijo que había regresado a España con la armada. De este viaje podía dar testimonio Pedro Osorio, quien había sido su camarada de ida y regreso y ahora vivía en Cartagena. Al llegar a Cádiz se le dio licencia a la gente para que pasara a tierra; Urbina lo hizo con los demás, estuvo allí por dos días y siguió para Sevilla, de nuevo a la casa de Pedro de Abacía, donde se reintegró a sus labores de comercio, por siete meses, al cabo de los cuales se embarcó otra vez para las Indias, ahora en la armada del general Diego de Rivera y por el puerto de Cádiz. Subió a bordo el mismo día en que llegó al puerto, en un navío en el que era maestre Gaspar de Malla. Habló de su amistad con Jerónimo de Retes Salazar; del gobernador Bahamón de Lugo, de la partida de los carabelones en busca de los piratas ingleses y franceses, del capitán Vásquez de Montiel, del teniente Blas de Ulloa, y de su participación heroica en esa campaña. Luego quiso entrar en detalles sobre su vida en Santa Fe de Bogotá; sobre su amistad con Juan Sáenz de Hurtado, Juan de Castellanos, José Luis de Vanegas, Luis Blanco y Juan de Vargas, y sobre su participación en la guerra contra los pijao, a la cual acudió con fray Pedro Simón y Diego de Ospina, pero ya sus jueces no parecían muy interesados y no le permitieron extenderse. Fue entonces cuando le soltaron a boca de jarro:

—¿Sabe, o presume, por qué ha sido preso por la Inquisición?

Juan de Urbina permaneció en silencio por largo tiempo. No podía delatarse con una respuesta ingenua o apresurada. En su mente se agolpaban muchas inquietudes. ¿Sería el caso de las guacamayas blasfemas? ¿Estaría implicado en alguna herejía por los ritos que sus esclavos practicaban en Cáceres? ¿Algo relacionado con su trato carnal con indias y negras, o con los innumerables hijos naturales que había tenido? ¿Qué pecados había cometido que cayeran dentro del fuero de la Inquisición? Por las constituciones sinodales y los *Edictos de delación* que leían los obispos y los curas en las iglesias, sabía que el acceso carnal a mujer infiel, desflorar por fuerza o por engaño a alguna doncella, la sodomía y la fornicación con animales eran pecados graves cuya absolución se reservaba a los obispos. Sin duda era culpable de algunos de estos pecados, pero no eran los inquisidores los encargados de conocerlos y castigarlos. Al fin, cuando el silencio ya se hacía demasiado penoso, dijo lentamente que no sabía a ciencia cierta porqué. Cuando los jueces insistieron sobre su vida en España y su paso por Sanlúcar de Barrameda, le vinieron a la memoria las amenazas de Vicencio Rodríguez, que había echado en saco roto por fantasiosas e inverosímiles. Y, con la misma lentitud, se animó a decir que, según creía, había sido acusado injustamente de casarse en las Indias estando casado en Sanlúcar. Explicó que hacía cuatro o cinco años lo había abordado un hombre procedente de Sanlúcar, para decirle que en aquella ciudad había una mujer casada con un tal Juan de Urbina, con varios hijos de ella, y que tenían papeles para demostrarlo. Que si les daba dinero ellos mantendrían el caso en reserva. Él le había asegurado que se confundía de persona y que no estaba dispuesto a entregar dineros. Dos años después, el hombre regresó con la misma solicitud y en actitud más agresiva. De nuevo él se negó a pagar. Sentía que no era culpable y que estaba siendo víctima de un abuso. Súbitamente recordó el caso de Arellano, el reo acusado de bigamia que había visto en aquel auto de fe hacía ya unos años, y a sus pies se abrió el abismo infinito de la infamia y el desespero. Imaginó a Arellano aherrojado a un remo y recordó la forma indigna como morían los galeotes en las naves de Su Majestad. Entonces le tembló la voz, no pudo tenerse más en pie y cayó al suelo víctima de un desmayo, con gran ruido de las cadenas que lo esposaban, y sin que los guardias que estaban a su lado pudieran evitarlo. Los jueces auxiliares se le acercaron y le tomaron el pulso. Lo tenía casi perdido. La piel parecía ahora descolorida y las manos estaban frías. Como no se reponía y seguía sin sentido, el juez mayor suspendió el interrogatorio y ordenó que lo llevaran para la celda, y que fuera atendido por uno de los médicos disponibles.

Esa tarde, el secretario Juan de Ortiz le preguntó al Inquisidor General si era procedente secuestrarle los bienes al reo, y si se le iba a dar tormento, a lo que este respondió que no, mientras no concluyera la audiencia.

Esta continuó el día 23. Urbina se ratificó en lo dicho y pidió a Dios misericordia. Le preguntaron si alguna vez había estado en Lisboa y si de joven se había golpeado la nariz con un cántaro. Aseguró que nunca había estado en esa ciudad y que nunca se había golpeado la nariz con un cántaro. Fue enfático en afirmar que en cuarenta y tres años que llevaba en las Indias había estado siempre a la vista de todos, que en Santa Fe se casó con doña María Teresa porque quería fundar una familia cristiana, con tan mala suerte que ella había fallecido; que en Cáceres no se casó con doña Andrea por amores desordenados ni por hacienda, sino porque también quería fundar una familia cristiana, y que de hecho no le dieron ninguna dote: no la necesitaba pues él tenía suficiente riqueza. Comentó que el señuelo de la dote suele cegar a los hombres y los lleva a cometer imprudencias. Enfatizó el hecho de que si él hubiera cometido el delito que le imputaban, no había sido tan lerdo de no cambiarse el nombre para no ser reconocido. Dijo que siempre había vivido de buena fe, como buen cristiano, que no era bígamo ni había cometido ningún otro delito cuyo conocimiento correspondiera al Santo Oficio. Recordó que a Vicencio Rodríguez le había contestado que él no era el Juan de Urbina que buscaba y que otros hombres con el mismo nombre habían pasado de España al Nuevo Reino de Granada. Él mismo había conocido un tocayo en Pamplona y supo de otro que había viajado al Perú. Puso varias veces de presente su decisión de no darle ningún dinero a

Vicencio Rodríquez, así presentara los papeles en el Santo Oficio; que se fuera con Dios, porque él no era la persona a quien habían de estafar.

Preguntado sobre qué señales particulares tenía, el reo manifestó tajantemente: "no hallará vuestra merced señal alguna en todo mi cuerpo", con lo cual terminó aquella audiencia.

El juez ordenó practicarle al reo una "visura". Esta tuvo lugar al día siguiente, 24 de noviembre, en el calabozo que ocupaba, y estuvo a cargo de los secretarios Juan de Ortiz y Juan de Uriarte Araoz quienes desconocían las declaraciones de Vicencio Rodríguez y Lucía Martín. Una vez realizada, estos declararon, y así consta en el folio correspondiente, que el reo tenía una señal atravesada, a modo de herida pequeña, por la banda de abajo del muslo; otra, a modo de viruela redonda, por la de arriba; una tercera en la posadera derecha; la cuarta, la que parecía más grave, en el hombro izquierdo. Revisaron también el muslo izquierdo y encontraron, arriba de la rodilla, un cardenal pequeño. Al leer el resultado de la visura, el juez no halló mención de la cicatriz que más le interesaba, la que supuestamente tenía el reo en la nariz, razón por la cual ordenó repetir el procedimiento de manera más minuciosa, poniendo especial atención en el rostro. Esta nueva visura fue realizada dos días después en el salón del tormento por Martín Sánchez y Jerónimo Mora, cirujanos de la ciudad al servicio del Santo Oficio. En esta ocasión, Juan de Urbina fue sacado de su celda y conducido a tal lugar sin ninguna explicación. Al ingresar estuvo a punto de desmayarse, convencido como estaba de que iba a ser torturado. Martín Sánchez lo tranquilizó; le dijo que no era cuestión de tormento sino una visura para establecer las señales en su cuerpo. Así lo hicieron. Luego, los cirujanos declararon bajo juramento que, en efecto, había una señal en la nariz: era una herida pequeña, muy antigua; estaba atravesada por encima de la ternilla, junto al hueso criboso. Que por ser tan antigua pudo haberle bajado de entre las cejas, por ser frecuente que las cicatrices se muden de lugar. Estaba tan cubierta y disimulada que para descubrirla fue necesario apretar con los dedos y levantar el pellejo. Una vez descubierta se vio que era blanca y tortuosa, indicio de que fue por causa de un golpe con algo contundente, no cortante.

Dijeron también que el reo explicó su origen. En Tunja fue picado en la nariz por algún mosquito u otro animal; al supurar la herida, se sometió a un tratamiento con el médico José de Aranjuez Solana y la herida sanó en pocas semanas. Los médicos de Cartagena no quedaron satisfechos con la explicación. Opinaron que tal mal era curable y no dejaba cicatriz, y que el episodio nada tenía que ver con la señal que aparecía un poco más arriba.

Consideraron cada una de las demás señales. La del muslo estaba por encima del músculo y parecía haber sido hecha con cosa punzante pequeña, como una lanceta. La del hombro izquierdo correspondía sin duda a un perdigón allí alojado, que, según dijo el reo, recibió en una batalla naval siendo soldado. Los cirujanos declararon, además, que el reo era cargado de espaldas, alto y corpulento, rojo, de ojos zarcos, de cejas espesas.

Al finalizar estos procedimientos, y ya de regreso para su celda, el reo le preguntó a Rodrigo Pereira, alcalde de la cárcel del Santo Oficio, si le iban a dar tormento. Pereira le respondió que se lo daban a quien lo merecía. El reo se quedó en silencio, pero luego manifestó con visible emoción que estaba muy triste, que tenía miedo, que pensaba que iba a morir en prisión. Cuando le llevaron de comer, se negó a recibir alimento.

El día 30 el reo fue nuevamente indagado por el juez. Ahora este le preguntó por las señales en el cuerpo y por las causas. Urbina manifestó que en todo el cuerpo no tenía otras señales que una pequeña en la nariz, cuya causa fue un "corrimiento", y para curarlo José de Aranjuez Solana, vecino de Tunja, le hizo una lancetilla; y una segunda en el hombro izquierdo, producto de un perdigón recibido en combate. Y que ninguna otra vez en su vida "había llevado hierro a su cuerpo". Fue amonestado por el juez para que dijera toda la verdad, advirtiéndole que ya figuraban en el expediente testimonios de los médicos y cirujanos sobre otras señales, y que, también, según el expediente, unos testigos de Sanlúcar de Barrameda manifestaban otras razones. Urbina dijo que no sabía quienes podían ser esos testigos, porque en esa ciudad nadie lo conocía, ya que nunca estuvo allí sino de paso.

A partir de ese momento la búsqueda se centró en el asunto de las cicatrices. En condiciones normales, el siguiente paso consistía en darle tormento al reo buscando una confesión rápida. Los inquisidores discutieron. Pero no se decidían en vista de que Juan de Urbina pasaba, sin ninguna duda, de los sesenta años de edad. Era aconsejable evitar por ahora el tormento; podían agotar otras alternativas. Entonces interrogaron con insistencia a los cirujanos Mora y Sánchez y les recordaron que estaban bajo juramento. Estos se sintieron inseguros y manifestaron que debían volver a examinar al reo. Así lo hicieron y llegaron a la conclusión de que en la nariz había dos cicatrices: una que efectivamente pudo ser de llaga o corrimiento, y no veían razón que para curarla hubiese necesidad de romper con lanceta. Otra, que estaba superpuesta a la anterior, y que bien pudo resultar como consecuencia de un golpe. Explicaron que las cicatrices con el tiempo se aminoran y adelgazan, que para descubrirlas es menester muy buena vista y que hay remedios para encubrirlas, con los cuales se hacen invisibles. Y en cuanto a decir que el reo no tenía ninguna otra señal, no era posible, porque las del muslo y el hombro eran bien notorias.

Con esta información, los jueces se sintieron en condiciones de proceder. El 5 de diciembre convocaron al reo al salón de la audiencia y, luego de la oración de rigor, el fiscal lo acusó formalmente de bigamia. A continuación iba a entregarle copia de la acusación y a darle la noticia de que el tribunal le asignaba un letrado con quien pudiera comunicarse. Pero ya Juan de Urbina no estaba en condiciones de escucharlo. Yacía desmayado en el suelo. Los guardias lo recogieron y lo llevaron en brazos a su celda.

Las cosas se complicaron para Juan de Urbina y su familia. La Inquisición ordenó el secuestro de los bienes. A su casa acudieron varios funcionarios para hacer inventario de todo lo que allí había: dinero, documentos, escrituras, muebles, enseres, animales, esclavos. Él había liquidado lo que poseía en Cáceres y, con el producto, adquirió propiedades en Cartagena de Indias, que tenía arrendadas. La familia vivía cómodamente de estas rentas. Con el secuestro, las propiedades fueron dadas en custodia a personas de "reconocida honradez" en la ciudad. El producto pasaba a las arcas de la Inquisición. Los deudores del reo debían pagar sus acreencias al tribunal y estas engrosaban los bienes secuestrados. Los acreedores, en cambio, debían esperar el pago de lo que se les adeudaba hasta que todo el proceso quedara concluido. Mientras durara el juicio, doña Andrea iba a recibir una partida para su sustento y el de sus hijos, fijada arbitrariamente, y podía seguir habitando la casa familiar. Si el reo salía inocente, se le devolvían sus bienes, no así las rentas retenidas por la Inquisición, porque, según las normas, con ellas se cubrían los gastos del juicio y la alimentación del detenido. Si salía condenado, todos los bienes serían rematados y la familia quedaría en la indigencia. Del producto del remate se destinaba una partida para los delatores; el resto se dividía en dos partidas: una para sobrellevar los gastos del tribunal de Cartagena y la otra para los gastos del Consejo de la Suprema y General Inquisición, organismo que desde la Península regía el funcionamiento de todos los tribunales de España y América. De hecho, el remate de bienes de los condenados era el sustento principal de tales tribunales —por no decir que único— ya que la Corona no les destinaba recursos.

En cuanto al letrado designado, se trataba de un funcionario del Santo Oficio que no hubiera estado vinculado con el proceso. Su trabajo consistía en leer las declaraciones de los delatores, testigos y demás que hubiesen intervenido, revisar los procedimientos seguidos por los inquisidores, y certificar si se ajustaban a las normas del *Directorio, los Edictos* y demás reglamentos. Con su intervención se buscaba, más que defender al reo, evitar olvidos, errores, interpretaciones apresuradas o equivocadas de los inquisidores, y otras minucias que no se ajustaran a derecho. Debía, además, ofrecer su propia interpretación y sugerir acciones, sin que sus sugerencias fuesen de obligatorio cumplimiento. Es decir, el licenciado ejercía una especie de supervisión general y una asesoría jurídica a los propios inquisidores. Para llevar a cabo su labor, era procedente trabar amistad con el reo, ganarse su confianza; podía, inclusive, ofrecerle beneficios, utilizar tretas y artimañas, con el objeto de arrancarle aquellos secretos que quizás guardaba todavía en el fondo de su corazón. El resultado, con frecuencia, favorecía al reo, y muchos veían en su labor una cortapisa contra los procedimientos demasiado estrictos de los jueces.

El licenciado Manuel Acevedo de Rojas, un joven de 28 años acabado de llegar de España, fue el letrado asignado en aquella ocasión. Visitó a Juan de Urbina en varias, escuchó con cuidado el recuento de su vida, leyó los folios del proceso y visitó a doña Andrea de Erazo y a algunos allegados y vecinos. A doña Andrea le pidió mirar los papeles que el reo mantenía en su casa —cartas, escrituras, certificados de todo tipo, cualquier cosa que pudieran servirles como prueba.

Entre tanto, Juan de Urbina continuaba incomunicado. No había recibido la visita de su esposa ni de ninguno de sus familiares y amigos. Su ánimo estaba cada vez más decaído; aumentaba su tristeza. Cada amanecer despertaba con el sobresalto de que iba a ser sometido a tormento y pasaba las horas en mutismo total. Así transcurrieron las fiestas de la Navidad y todo el mes de enero. Fue el tiempo que se tomó Manuel Acevedo y Rojas para sus pesquisas y para redactar el escrito. Entonces se presentó ante el tribunal para hacer entrega de él. Los jueces lo recibieron, le prometieron leerlo y adjuntarlo al proceso y le aseguraron que se trataba de una pieza importante. Cuando el legajo llegara al Consejo, sus miembros tendrían todos los elementos para fallar.

El contenido era ampliamente favorable al reo. Acevedo y Rojas concluía que Juan de Urbina debía ser absuelto inmediatamente y puesto en libertad, y los fiscales condenados a costas, con base en los siguientes argumentos y consideraciones:

Primero: el comportamiento delictivo de Vicencio Rodríguez era evidente. A este individuo no se le podía dar crédito por cuanto era parte interesada en la riqueza material del reo, y había intentado estafarlo. Al no lograrlo, le levantó calumnia, la cual no habría sido levantada si Juan de Urbina hubiera sido pobre, o le hubiese dado dinero. De esta situación se infería claramente su inocencia.

Segundo: Era de sentido común que si el reo tuviese algo que ocultar, sin duda habría tenido manera de hacerlo a lo largo de su vida. Habría podido mudar de nombre o permanecer oculto en Tierra Adentro.

Tercero: El joven Juan de Urbina que nombraban los acusadores tendría de veinticinco a treinta años por la fecha de su boda, la cual se habría celebrado hacía cincuenta. Por lo tanto, tal Juan de Urbina contaba a la fecha del juicio con cerca de ochenta años, mientras el reo que la Inquisición tenía preso en Cartagena no contaba arriba de sesenta y tres. Acevedo de Rojas afirmaba que esta evidencia era digna de considerar, y tenía tal fuerza que por sí sola podía definir la causa.

Cuarto: El lugar de origen no era del pueblo de Valenzuela, como declaraban los testigos, sino del Valle Real de Quartango, como constaba en los folios.

Quinto: entre los papeles entregados por doña Andrea de Erazo estaba uno firmado en Andagoya por Francisco Ortiz de Urbina, padre del reo, en diciembre de 1585. En él autorizaba a su hijo a pasar a las Indias, y se aclaraba que en tal año tenía 20 de edad. Que era un mancebo libre, no sujeto de matrimonio. Con este documento se probaba también que en 1585 el reo no había salido de la tutela del padre, y, en cambio, el Juan de Urbina que mentaban los acusadores ya tendría por lo menos ocho años de vida maridable con Lucía Martín. La fecha concordaba con la convocatoria de la armada de Álvaro Flores, la cual zarpó al año siguiente, 1586. Acevedo de Rojas solicitaba incluir el mencionado papel entre los folios del proceso y hacía entrega formal de él. Además, solicitaba que se convocara como testigo al señor Pedro Osorio, radicado en Cartagena de Indias, quien había sido compañero de Juan de Urbina en la armada de Álvaro de Flores.

Tales argumentos estaban acompañados por otras consideraciones: el reo nunca había pasado por Lisboa y nunca había trabajado en la agricultura. Por el contrario, había tomado plaza de soldado al servicio de su Majestad, había participado en la expedición contra los carabelones y en la guerra contra los pijao, y luego había dedicado un buen número de años a la administración de minas de oro, dándole a la Real Hacienda muchos millones de ducados en el pago del quinto real. En cuanto a las señales particulares, distaban mucho de coincidir las del reo con las que aportaban los demandantes. De joven, el reo era mimbreño, flaco, muy derecho; no fornido, ni barbirrubio, ni tenía la cejas espesas ni cargadas las espaldas, como decían los testigos. Y cuando se embarcó no podía ser barbudo porque apenas tenía 20 años. Era evidente que los estafadores, movidos por la pasión, habían modificado las señas, en especial la de la nariz, para que se ajustaran a las del reo.

Finalmente argumentó que la unión de Lucía Martín parecía más bien un amancebamiento, ya que no había sido declarado ante el Vicario Eclesiástico. Una cosa era el matrimonio contraído con todas las formalidades y otra muy distinta el amancebamiento o la relación transitoria. En cambio, los dos matrimonios del reo —con la difunta Ana Teresa López de Sandoval y con doña Andrea de Erazo— cumplían todos los requisitos de los enlaces legales. Su vida había sido ordinaria, tratando y contratando con todos, a la vista de cualquiera que viniese de Sanlúcar. Si tuviese necesidad de ocultar el pasado, no se habría casado en Santa Fe de Bogotá con la hija de un capitán de la guardia del Presidente de la Nueva Granada, ni luego se habría radicado en Cartagena. Más importante aún, nunca habría presentado su nombre al Santo Oficio como aspirante al honroso cargo de familiar. Más bien, se habría cambiado de nombre y apellido, enfatizó el abogado. Finalmente, era menester aclarar que un individuo de las calidades del reo no se habría juntado con una mujer tan ordinaria como Lucía Martín. Y que el vulgar Juan de Urbina de Sanlúcar, tampoco se habría casado con una mujer que no tenía riquezas ni herencias, como Andrea de Erazo. Quienes conocían al reo podían dar testimonio de que era un buen cristiano, temeroso de Dios, que había tenido un comportamiento ejemplar para con su familia y con el prójimo, limpio de sangre, cristiano viejo, hijodalgo notorio, de casa y solar conocido.

Antes de concluir, el letrado le recordó a los jueces que, en el caso de Juan de Urbina, no era procedente el tormento, bajo ninguna circunstancia. Según el *Directorio* y demás normas procesales, estaban eximidos de tormento los menores de veinticinco años, los mayores de sesenta y las mujeres embarazadas. Y, ya para concluir, la defensa afirmaba que el capitán Juan de Urbina estaba dispuesto a someterse a careo con Lucía Martín y, para tal efecto, se ofrecía a viajar a España pagando de su propio peculio sus gastos de viaje y los de quien designara la Inquisición para acompañarlo.

El escrito pasó a ser parte de expediente. Si nos atenemos al desarrollo que tuvo el proceso, no parece que los jueces se hubiesen tomado el trabajo de leerlo, salvo el último inciso, en el que el reo ofrecía viajar por su cuenta a Sevilla. También entraron a ser parte del expediente dos declaraciones secretas y escuetas tomadas a Luis Blanco y José Luis de Vanegas, a pesar de que éstos se habían declarado impedidos. En ellas se mostraban cautos y cada una parecía el espejo de la otra; sin duda lo convinieron así: conocieron al capitán Juan de Urbina por poco tiempo en Santiago de Tunja y nada sabían de cicatrices ni tenían noticias de su vida anterior.

Declararon también: Pedro Osorio, quien habló de sus viajes en la armada de Álvaro Flores, pero no supo decir si en algún momento el capitán Urbina se había casado en Sanlúcar, o si había visitado esta ciudad en otra época de su vida; Mateo Solar, de sesenta y seis años, quien dijo conocer a Juan de Urbina cuando este tenía veinte y dos o veinte y tres años. En esa época era barbicastaño, cenceño, y no se acuerda si tenía señal en la nariz. Y Matías Balbi, fiscal de la Audiencia Eclesiástica, de sesenta y cinco años, quien había conocido a Juan de Urbina hacía quince en la ciudad de Zaragoza de Indias. Era de cuerpo derecho, delgado, de pocas barbas, barbicastaño. Oyó decir que Urbina estuvo bubático, y que de ello había resultado el mal que tenía en la nariz. El correo que se envió al comienzo de la investigación a Jerónimo de Retes Salazar en Guatemala tuvo respuesta. En ella, Salazar declaró sobre su corta relación con Urbina en Cartagena de Indias y en Santa Fe de Bogotá, y dijo no tener noticia de ninguna cicatriz. Declararon también Martín de Verganzo y Miguel de Mirándula, quienes dieron testimonio del paso del reo por Bogotá, el primero, y de su viaje en la armada de Diego de Rivera, el segundo.

A petición de doña Andrea de Erazo se examinaron varios testigos vecinos de Cáceres, quienes dieron cuenta del buen comportamiento del reo en esa ciudad, pero no aportaron noticias sobre sus años en España. En la ciudad de Tunja confirmaron la muerte del médico José de Aranjuez Solana, la única persona que habría podido dar cuenta de la operación que practicó al reo en la nariz.

Transcurrían los meses y Juan de Urbina continuaba preso en las cárceles del secreto en Cartagena de Indias. Poca o ninguna información tenía de las declaraciones anteriores y de los procedimientos que se venían practicando. A veces imaginaba que el expediente reposaba en el escritorio de alguno de los jueces y que ya nadie se acordaba de él. Allí, en aquel suelo de piedra, encerrado en esa celda estrecha y oscura, la mayor parte del tiempo encadenado y sometido a una pésima alimentación, pasaba las horas, los días y las noches, las semanas y los meses y cada día se sentía con menos deseos de vivir.

Pero a finales del mes de junio volvieron a ocuparse de él. En pocos días fue examinado repetidamente por médicos y cirujanos. El doctor Fernando Báez de Silva declaró que en el lado izquierdo de la nariz, casi desde el lagrimal hasta el hueso criboso, aparecía una cicatriz muy delgada, tanto que para percibirla necesitó ponerse anteojos, y le pareció tan pequeña que no sabría decir la causa. Respecto del muslo, en efecto había una señal, pero no creía que fuese cicatriz. El doctor Mendo López estuvo de acuerdo con el anterior y agregó que la señal de la nariz fue causada no por objeto contundente sino por instrumento cortante. Declararon también los médicos Blas de Páez y Diego López en términos similares.

A pesar de que el expediente contaba ya con más de 120 folios y decenas de testimonios, el proceso parecía haber llegado a un punto muerto. Los argumentos del licenciado Acevedo de Rojas habían sido ignorados; los jueces de Cartagena de Indias se sentían incapaces de fallar. Considerando que razonablemente se habían adelantado las gestiones pertinentes en las Indias, el Consejo reunido en pleno ordenó, por auto del 24 de septiembre de 1631, el traslado del preso y del proceso a la Inquisición de Sevilla, a costas del reo, como lo había solicitado.

Al saberlo, Juan de Urbina sonrió con infinita tristeza. En su caso se estaban repitiendo las mismas circunstancias lamentables de dos casos de los que él tuvo noticia: el del padre Luis de Frías y el del bígamo Cristóbal Arellano. Respecto de Frías, el pomposo Consejo de Cartagena de Indias fue incapaz de juzgarlo. Su expediente alcanzó un tamaño monstruoso, la verdad no asomó por parte alguna y el caso fue remitido a Sevilla. En cuanto a Arellano, el expediente también alcanzó un tamaño enorme en Lima. Luego pasó a Cartagena donde fue condenado, pero cuando llegó la condena había pasado tanto tiempo, que su cuerpo se había consumido casi hasta extinguirse. Su propio caso iba en direcciones parecidas y en lo íntimo de su pensamiento se lamentó haber querido en algún momento de su vida ser parte, con el carácter de familiar, de institución tan cruel. Por fortuna no lo habían nombrado en ese cargo, para no ser causa de sufrimientos de otras personas. Sin embargo guardaba alguna esperanza respecto de los resultados del viaje a Sevilla: allí se llevaría a cabo el careo con Lucía Martín, que resolvería el proceso de una vez por todas, y se adelantarían "las demás diligencias necesarias, con tal de averiguar la verdad".

El comisionado para llevar el reo y los documentos a Sevilla fue don Ioseph de Bolívar, alguacil mayor del Santo Oficio de Cartagena. Aunque de inmediato se iniciaron los preparativos, los viajeros solo se embarcaron a comienzos del año siguiente, 1631. Todos estos meses los pasó el capitán Juan de Urbina en las mismas condiciones; casi siempre esposado y aherrojado a la pared, sobre un piso de piedra húmedo, a oscuras o con muy poca luz y mal alimentado. Solo vio la luz del día cuando lo conducían al puerto y lo embarcaron en una nave comercial, donde habían dispuesto un calabozo similar al que tenía en tierra.

III.

EL CAPITÁN REGRESA A SEVILLA EN CONDICIONES DEPLORABLES

En los folios consta que el reo y su acompañante llegaron a Sevilla el 26 de abril de 1632. Ese día Urbina quedó en manos del alcalde de las cárceles secretas de Sevilla. Ioseph de Bolívar, una vez cumplido el encargo, se dispuso a regresar a Cartagena en la primera nave disponible.

Los jueces calificadores del tribunal de Sevilla eran cuatro: los licenciados Bernardo de la Cabra, Juan Zapata de Figueroa, Agustín de Villavicencio y Juan Federigui. El inquisidor general, Luis Morales de Oquendo, le asignó el proceso a Zapata de Figueroa, pero por causa del alto volumen de testimonios recogidos hasta ese momento, y la multitud de procedimientos que se irían a necesitar en los meses siguientes, pronto, con la aquiescencia de los jueces mayores, participaron los demás jueces calificadores. En esta forma los cuatro se hicieron responsables: a veces concurría uno; otras, dos o tres, lo cual tuvo dos consecuencias: nadie se sentía responsable directo del proceso y el expediente creció en forma desmesurada.

La primera acción que ordenó Zapata de Figueroa fue convocar a la principal testigo, Lucía Martín, para que se presentara en Sevilla. Se trataba de llevar a cabo dos diligencias: en primer lugar, una deposición amplia y suficiente, ya que la realizada en Sanlúcar cinco años antes, en diciembre de 1627, ante el Comisionado don Fernando Altamirano, contenía tantas inexactitudes que en la práctica los jueces la consideraron irrelevante. La segunda fue efectuar el careo entre el capitán y la supuesta esposa.

Para ese entonces la situación de la familia demandante había cambiado: Vicencio Rodríguez perdió todo interés cuando se enteró en Cartagena de Indias que el proceso habían llegado a un punto muerto, y que podían pasar años antes de que se llegara a una definición. En uno de sus viajes, al llegar a Portobelo, entregó el mando del barco al primer piloto y, según se creía, había pasado al Perú. No le envió dinero ni noticias a su familia y nunca se volvió a saber de él. Sin soporte económico, la familia se sumió en la pobreza. Isabel se sentía viviendo las mismas experiencias de su abuela: salía al puerto a buscar marineros recién llegados de las Indias con la esperanza de recibir alguna noticia; pero pasaron los años y todo fue en vano.

Otros miembros de la familia también perdieron interés en el proceso: el desencanto fue paulatino y general. Por eso hubo consternación cuando llegó a la residencia de Lucía Martín un oficio del tribunal de Sevilla solicitando su presencia. Era como si todo volviera a comenzar. Según las normas, ella estaba obligada a concurrir y la Inquisición no proveía fondos para el traslado. Las personas que no se hicieran presentes eran castigadas. La anciana Lucía estaba en un parangón. Nadie en la familia quería ayudarla y ella, por sí sola, no tenía ni las fuerzas ni los dineros para emprender el viaje. Aunque Sanlúcar dista solo algunas leguas de Sevilla, el viaje de ida y regreso y las diligencias iban a tomarle varios días, y era necesario proveer para la manutención y el alojamiento.

Isabel solicitó al tribunal respetuosamente y por escrito que se hicieran las diligencias en Sanlúcar, y adujo la avanzada edad de Lucía y la falta de recursos. Zapata de Figueroa fue perentorio. Para el careo no era posible pensar en un traslado de Urbina a Sanlúcar. Quería a la testigo y principal implicada de cuerpo presente en Sevilla. Toda la familia tuvo que movilizarse y prestar ayuda. Por fin, el 1 de julio de 1632, Lucía Martín se presentó ante el tribunal. Agustín de Villavicencio le tomó la declaración. Ella dijo tener setenta años y ser la mujer de Juan de Urbina, con quien se había casado hacía sesenta y cinco años, incorrección que no fue rechazada por el juez en vista de que ella no sabía las letras ni los números. Insistió en el episodio del cántaro y en la herida de la nariz. Dijo que hicieron vida maridable por diez años y que luego él se había ido para Portugal, donde se embarcó para las Indias. Nada nuevo aportaban estos detalles al proceso y correspondían más o menos a los informes que ya reposaban en los folios. Pero a partir de ese momento, mencionó hechos hasta ahora desconocidos por los jueces: un hombre que pasó por Sanlúcar, de cuyo nombre no se acordaba, le había dicho que su marido estaba en la ciudad de Pamplona, en la Nueva Granada. Años después, un fraile de San Agustín, hijo de Francisco Nuño —secretario del Duque de Medina, por más señas— a su regreso de las Indias, y antes de continuar viaje para Roma, la visitó en Sanlúcar y le confirmó personalmente que Juan de Urbina se encontraba en Pamplona.

Tomaba, pues, cuerpo la versión de un segundo Juan de Urbina, cuya sede principal habría estado en Pamplona. En un principio se pensó que se trataba del reo, quien manifestó haber pasado por dicha ciudad. Sin embargo, siempre sostuvo que había sido de manera efímera; e incluso, él mismo dio noticia de "un tocayo" que allí residía.

Lucía concurrió nuevamente al tribunal el 3 de julio para el encuentro con el capitán Juan de Urbina. Juan Federigui y Bernardo de la Cabra le preguntaron si en caso de encontrarse personalmente con su esposo estaría en condiciones de identificarlo. Ella respondió sin titubear que sí. Entonces le dijeron que le iban a mostrar a un hombre. Podría tratarse del capitán Juan de Urbina. De igual manera, podría tratarse de otra persona. Ella debía mirarlo con detenimiento y no responder hasta tener plena certeza, porque de su respuesta dependía la suerte del proceso.

A continuación la pusieron delante de la rejuela de los reconocimientos y le señalaron un señor que estaba al otro lado, recostado contra un muro. Se encontraba solitario en el recinto, de pie, sujetado por esposas, debajo de una claraboya que le iluminaba el rostro. Parecía ignorante del procedimiento que se llevaba a cabo y ni siquiera dirigía la mirada hacia el sitio de la rejuela. Lucía Martín, visiblemente agitada, estuvo observándolo por largos minutos. Se daba vuelta y, consternada como si esperase ayuda, posaba sus ojos sobre los rostros imperturbables de los inquisidores que estaban a su lado. Volvía a mirar al preso y volvía a expresar su consternación. Finalmente dijo:

—Este no es mi marido.

Le preguntaron que en qué basaba su juicio y ella dijo: este es más alto, tiene el rostro más delgado, y no tiene los ojos azules como mi esposo.

La mujer fue conducida de salida, escoltada por los inquisidores. Al llegar al pórtico, uno de ellos le comunicó que había estado en presencia del capitán Juan de Urbina, venido de Cartagena de Indias expresamente para esa diligencia.

Isabel y María, acompañadas de otros parientes y del letrado Mendo Jiménez de Orzúa, estaban a la entrada del Palacio de la Inquisición a la espera del resultado y quedaron muy descontentos cuando supieron que Lucía no había reconocido a su esposo en la persona del reo. Por un momento vieron destruidas, definitivamente, sus ilusiones de riqueza, perdidos los esfuerzos de tantos años. Algunos propusieron dejar las cosas como estaban y regresar a Sanlúcar sin más demoras. Jiménez de Orzúa les pidió calma y sensatez. La situación podía solucionarse. Lo escucharon y él argumentó que el procedimiento había sido inadecuado e injusto, y que lesionaba los intereses de la familia. No era posible que una mujer anciana, mirando con dificultad a través de una reja estrecha, pudiese identificar a alguien que no veía hacía más de cuarenta años. Era necesario pedirle al Santo Oficio que repitiera el procedimiento. Isabel y María aceptaron y autorizaron a Jiménez de Orzúa para que hablara por ellas. El abogado tenía sus contactos, presentó su alegato y unos días después lo autorizaron para que Lucía Martín regresara a la semana siguiente.

Fue un martes. La condujeron ante los jueces. Bien instruida por Jiménez de Orzúa, dijo que hacía unos días le habían mostrado a un hombre para que dijera si era el capitán Juan de Urbina. Pero que solo lo había visto a través de una rejuela. En ese momento contestó que no era su esposo, pero luego, al salir de la diligencia, ya no estaba tan segura. En consecuencia, solicitaba, al servicio de Dios nuestro Señor, y al derecho que a Él conviene, le dieran la ocasión de ver al hombre patentemente, para hablarle y para mirarle la señal que tenía en el muslo derecho, y para observarle de cerca la que tenía en la nariz, del porrazo que se dio con un cántaro.

Los jueces deliberaron y acordaron aceptar la petición, pero el procedimiento se haría de forma diferente: a la testigo le serían presentados cuatro hombres para que ella decidiese cual era Juan de Urbina. Si acertaba a señalar al reo, se le permitiría trabar conversación con él y examinar las cicatrices dichas.

Cuando Lucía estuvo frente a cuatro sujetos, todos esposados y todos de más de sesenta años, no vaciló en señalar a Juan de Urbina, el mismo que había visto a través de la rejuela. Entonces se retiraron los otros tres y quedaron Lucía Martín en frente del capitán Juan de Urbina, acompañados de dos inquisidores, Bernardo de la Cabra y Juan Federigui, y un secretario. Sostuvieron el siguiente diálogo:

—Vos sos mi marido.

—No, yo no soy su marido, yo nunca la he visto hasta hoy.

—Vos tenés una cicatriz en la nariz. Mi marido se golpeó en la nariz con un cántaro en la cosecha de Antón Velázquez.

—No, esta cicatriz no es de cántaro, es de buba, yo no estuve en ninguna cosecha, yo no conozco a Antón Velázquez, nunca me casé con usted ni he vivido en Sanlúcar.

El capitán hablaba en forma perentoria. Lucía no supo que contestar. Volviéndose hacia los inquisidores, les dijo:

—No tiene los ojos azules, como mi marido, ni la nariz corcovada. ¿Quién es este hombre?

El secretario le explicó que ese hombre era el capitán Juan de Urbina, quien había sido traído para que ella viese si era su marido, que pensara muy bien lo que estaba diciendo. Luego de unos momentos de incertidumbre, ella respondió:

—Este no es mi marido. Tráigame a mi marido y yo lo reconoceré por tal.

Con lo anterior, el proceso parecía listo para ser juzgado por el Consejo; así lo creían los cuatro jueces calificadores. Si a los años de cautiverio le agregamos los tres años de investigaciones secretas, previas al día en que fue puesto preso, la Inquisición habría tardado siete años en establecer la veracidad de los hechos y la inocencia de Juan de Urbina. Bien valían la pena, si con ellos se garantizaba la Verdad. Sin duda, todo se trató de un malentendido y el capitán pronto estaría libre. Entonces podría regresar a Cartagena de Indias, donde sus bienes, aunque menguados, le serían devueltos. Con lo cual le daríamos a esta novela un final feliz, y esta frase sería la última de la novela.

IV.

EL MISTERIOSO DON PEDRO DE ESTRADA

Pero las historias que en las novelas tienen un final feliz, en la vida real continúan, a veces por senderos impredecibles. Juan de Urbina no salió libre porque las cosas se complicaron: Lucía Martín decidió deponer nuevamente. Había regresado a Sanlúcar. El 28 de julio se presentó ante don Fernando Altamirano, el comisario del Santo Oficio. Dijo que quería descargar su conciencia. Altamirano tenía noticias frescas del proceso y se dispuso a escuchar a la anciana. Esta dijo que se había confesado con dos sacerdotes, uno de la orden de Santo Domingo y el otro de la Compañía de Jesús. Ambos le negaron la absolución y le ordenaron ponerse en contacto con la Inquisición para que de una vez por todas se estableciera la verdad. Contó que en Sevilla, cuando iba para la catedral a misa el día domingo 4 de julio —es decir, al día siguiente del primer encuentro con el reo a través de la rejuela— fue abordada por un hombre desconocido, que por su porte parecía principal. Dijo llamarse don Pedro de Estrada. Le preguntó si había reconocido al capitán Urbina. Ella, pensando que el desconocido era un funcionario importante de la Inquisición, respondió que no, que el que le presentaron era un hombre diferente, pero que el abogado Mendo Jiménez de Orzúa y sus nietas Isabel y María estaban solicitando un careo más directo. Estrada, en términos duros, le notificó que si era llamada de nuevo, e identificaba al capitán como su esposo, él la haría matar, y haría que sus hijos, nietos y yernos fuesen castigados. Pero que si lo negaba, y permitía que el proceso fuese cancelado y el reo liberado, él la recompensaría con una buena cantidad de ducados.

Lucía le explicó al Comisionado que tal era su situación cuando fue llamada de nuevo; que pensando en lo que le había dicho Estrada, no tuvo opción. Por eso negó la identidad del hombre que le presentaron. Agregó que ella era una mujer pobre y desvalida, que mientras estuvo en

Sevilla comió de limosna y que ahora, luego de descargar su conciencia, podía acudir de nuevo ante sus confesores para que la absolviesen.

Altamirano se dio cuenta de la gravedad de la situación y de inmediato informó a sus superiores en Sevilla. Estos, alarmados, ordenaron que Lucía Martín se presentara a la mayor brevedad en Sevilla, pero pasaron varias semanas antes de que ella pudiera hacerlo. Una vez ante el tribunal, contó en términos similares lo que ya le había dicho a Altamirano. No pudo precisar quién era Pedro de Estrada, ni el sitio exacto donde fue abordada en Sevilla, ni podía dar el nombre de algún testigo o acompañante, porque, insistía, caminaba sola en ese momento. Simplemente dijo que se dirigía a la catedral antes de la misa para elevar una oración, que seguramente el hombre la venía siguiendo, y que ella, sin sospechar nada incorrecto, le había permitido ser abordada en el diálogo, con el resultado mencionado.

Los jueces calificadores estaban desconcertados y contrariados. De repente la testigo principal complicaba las cosas de manera sorprendente. ¿Quién era el tal Pedro de Estrada? Se dieron a la tarea de buscarlo. Se cursaron órdenes a los familiares del tribunal de Sevilla y de los tribunales vecinos para que dieran con su paradero. Parecía una labor imposible porque sin duda se trataba de un nombre fingido, y porque las señales particulares que aportó Lucía eran en extremo vagas. Entre tanto transcurría el tiempo. Juan de Urbina continuaba en las cárceles del secreto, sujeto por cadenas y a la espera de los acontecimientos. Después del careo con la supuesta esposa, había quedado tranquilo y esperanzado, porque la reacción de ella no pudo ser más favorable para los intereses del capitán. En cualquier momento iban a llamarlo para dejarlo libre. Sin embargo, tantas semanas de espera sin ninguna noticia lo tenían alarmado. ¿En qué estaba su causa? Por eso, una tarde, cuando los guardas llegaron para conducirlo a la sala de las audiencias, su emoción fue grande. En ese momento, sin duda, iba a salir libre. Pero en cambio de recibir la noticia que tanto anhelaba, fue asediado por preguntas sobre un tal Pedro de Estrada. Nunca había escuchado ese nombre. ¿De qué se trataba? Los jueces nada le explicaron, y él repitió insistentemente que no conocía a nadie con ese nombre. Cuando por fin lo condujeron nuevamente a su reclusión, su desconcierto no tenía límites. ¿Qué nueva complicación había surgido? ¿Por qué lo indagaban tan insistentemente sobre un desconocido? ¿Por qué no lo soltaban?

Los jueces, por su parte, estaban igualmente confundidos y se reunieron repetidas veces para tratar de encontrar alguna luz. ¿Cómo interpretar la última declaración de Lucía Martín? Ahora todo les parecía una gran paradoja. Al terminar el careo, por un momento se sintieron en posesión de la verdad: el reo no era el marido que buscaban. El resto era cuestión de trámites internos y pronto el caso quedaría cerrado. Pero con la retractación, todo parecía comenzar de nuevo. ¿Dónde quedaba la verdad?

Lo primero era que el procedimiento del careo no era confiable. En el caso que los ocupaba había fracasado rotundamente. Lo segundo, que hasta ese momento nunca Lucía Martín había dicho de manera contundente: "este es mi esposo". Ni siquiera cuando se retractó. En otras palabras, estaban bajo la misma incertidumbre que los aquejaba antes de que el reo fuera sometido a careo. Esto significaba que el proceso tenía que continuar. Lo tercero se relacionaba con la verdad. ¿Decía Lucía Martín la verdad cuando hablaba de la amenaza recibida del tal Pedro de Estrada? La única forma de saberlo era sometiéndola a tortura, procedimiento que en su caso no era procedente, ya que ella pasaba mucho de los sesenta, y, además, no era reo en ningún proceso. El cuarto punto era demasiado delicado:

quizás algún funcionario de la propia Inquisición, víctima de la codicia, había entrado en tratos deshonestos con el capitán Urbina. Bajo la promesa de recibir dineros, asustó a la señora Lucía para que negara la identidad del reo, con lo cual se salvaba al capitán. El trato se frustró cuando ella fue a confesarse. Pero los jueces se negaron a aceptar esta hipótesis y ni siquiera la analizaron. Era menester dejarla pasar en silencio y no permitir que figurara en los folios del proceso.

En cambio, si figuran otras consideraciones:

Primero: Que Pedro de Estrada era un enviado de Juan de Urbina. Concluyeron que no. No podía ser un enviado de Juan de Urbina, porque este había estado incomunicado por meses, y, por lo tanto, no pudo solicitar tal intervención. Cualquier patraña para lograr su libertad habría tenido lugar por fuera de las cárceles y por fuera de su voluntad.

Segundo: Que Pedro de Estrada era un enviado de la familia Urbina o de amigos de Urbina. Tampoco. Hasta donde tenían conocimiento, no había ninguno en España, ni tenían noticias de que hubiese venido alguien de las Indias. Además, sobre cualquiera de ellos cabía la misma imposibilidad de conocer detalles del juicio, ya que el reo estaba incomunicado y porque las actuaciones de la Inquisición se hacían en secreto.

Tercero: Pedro de Estrada era una patraña montada por Mendo Jiménez de Orzúa y los familiares de Lucía Martín. Tal suposición tenía más posibilidades de ser cierta. Ellos sí estaban enterados de los detalles del juicio, pero, para probar que habían montado la patraña, sería necesario abrir nuevos procesos, los cuales, por no tratarse de delitos que cayeran dentro de la competencia de la Inquisición, tendrían que ser llevados por las autoridades civiles. En todo caso, si el misterioso Pedro de Estrada fuese una patraña o una invención fantástica, no parecía creíble que

Lucía Martín hubiera sido su autora o hubiera participado voluntariamente en ella. Era una mujer tan simple e ignorante que por sí misma carecía de la malicia para hacerlo. Además, la historia de los confesores le daba credibilidad a su versión. Quien quiera que buscara beneficios con esta acción, habría tenido que asaltarla en su buena fe.

Al fin los jueces llegaron al convencimiento de que los únicos favorecidos con el resultado de la retractación fueron los demandantes, bajo la dirección de Mendo Jiménez de Orzúa, porque habían logrado mantener abierto el juicio. Y mientras permaneciera abierto, tenían alguna esperanza de riqueza.

Y, en efecto, eso fue lo que lograron. El proceso continuó con nuevas visuras: acudieron los doctores Francisco de Figueroa (sin relación con Juan Zapata de Figueroa), Luis de Valverde, Diego Meser y Cristóbal Ibáñez, médicos; y Dionisio Vetus, Alonso Travieso y Antonio Quebrado, cirujanos. Consideraron las tres señales: una, entre ceja y ceja, "donde se les pone el clavo a los esclavos"; otra, en la parte superior de la nariz, en la línea que va del ángulo del ojo al caballete y la tercera, en el muslo derecho, en la parte de afuera. Solos, en parejas, y todos en conjunto, examinaron y discutieron una y otra vez, sin que llegaran a un consenso. Muchas podían ser las causas. Unos optaban por la tesis del corrimiento. Otros por la del golpe. Otros más por la de una cuchillada o lancetada. Pero hubo acuerdo en otros puntos: que era corriente que las señales "se mudasen" con el tiempo, que en muchos casos era posible disimularlas con pomadas o remedios y que el capitán Juan de Urbina mostraba signos de debilidad preocupantes. Esto último nada tenía que ver con el asunto de las cicatrices y, como no habían sido convocados para que dictaminaran sobre la salud del reo, no lo ponían en el informe escrito. Pero consideraban un deber hacerlo de viva voz ante los jueces.

En efecto, el capitán Juan de Urbina estaba sumido en una profunda tristeza, pasaba poco alimento, no dormía. Su rostro se consumía semana a semana, los ojos parecían extremadamente grandes, como si fuesen a salirse de las órbitas. Su piel otrora oscurecida por el sol de Tierra Adentro, se había vuelto apergaminada, blanquecina, debilucha. Se negaba a toda conversación. Su debilidad era extrema. Si su situación no se resolvía, los médicos temían por su vida.

Al escuchar estas razones, Luis Morales de Oquendo, el inquisidor general, ordenó liberar al reo de sus cadenas y ser trasladado al convento de Nuestra Señora del Valle, donde seguiría a órdenes de la Inquisición, pero en manos caritativas y, *Deo valente*, mejoraría su salud, con lo cual podría continuar el proceso.

En agosto de 1632 los jueces decidieron orientar sus pesquisas en varias direcciones al mismo tiempo, a partir de ciertos indicios que ya aparecían en el proceso. Se trataba, primero que todo, de establecer o descartar la existencia de Pedro de Estrada. También querían establecer la veracidad de los documentos mencionados por los demandantes y conocer el paradero de Domingo de Corquera y Pedro de Abacía. Al leer una y otra vez los folios acumulados hasta ese momento, encontraban que Juan de Urbina mencionaba dos hermanas, María e Isabel, y que entre los demandantes aparecían igualmente dos hermanas con idénticos nombres, nietas de la señora Lucía. ¿Se trataba de una coincidencia?, finalmente, querían allegar más noticias sobre el Juan de Urbina que supuestamente residía o había residido en Pamplona de Indias. Para resolver estos interrogantes se abrió un nuevo período de indagatorias. Sobre Pedro de Estrada no se obtuvo ningún testimonio. Sobre Corquera y Abacía se supo que efectivamente habían existido, pero ya estaban fallecidos y nadie daba noticias del rumbo que hubiesen tomado sus descendientes o sus establecimientos de comercio. Sobre María e Isabel pronto se llegó a la certeza de que se trataba de una coincidencia, ya que estos nombres eran los más frecuentes entre las mujeres de la época. Y sobre el Juan de Urbina de Pamplona se tuvieron nuevas noticias, como se verá a continuación.

La apertura del nuevo período de indagatorias tuvo, sin embargo, una acogida que jamás imaginaron. Al tribunal de Sevilla llegaron por lo menos un centenar de testigos que querían deponer "por descargo de sus conciencias". La fama de indiano rico del capitán Urbina había crecido hasta niveles fantásticos y despertaba la envidia y la rabia de muchos lugareños. Altamirano contribuía a tal abundancia divulgando en Sanlúcar las nuevas oportunidades de testimoniar que brindaba el proceso. Organizaba a los testigos por grupos y los enviaba a Sevilla. La mayoría eran ancianos que aseguraban conocer a Juan de Urbina y haber asistido a su boda. Narraban una y otra vez el incidente del cántaro y se prestaban voluntariamente para un careo con el reo. En una ocasión compadecieron Rodrigo Palomeque, de 80 años, Juan Alguacil de 50, Gonzalo Benítez de 52, Lázaro Pérez de Bedoya de 73, Juan Montijo Salgado de 78, Pedro de Morales de 71, Juan Bernal de 72. Curiosamente, todos estuvieron de acuerdo en que la persona que les mostraron era Juan de Urbina, el esposo de Lucía Martín. Lo conocieron casado con ella. Sabían que se había ausentado por 47 años, reconocieron la señal en la nariz y demás particulares, "a pesar de estar más gordo y blanco". Algunos lo identificaron como el aperador de Antón Velásquez de la Cuadra, otros como el gañán de la hacienda. El folio 413 del expediente da cuenta de otro grupo enviado por Altamirano, compuesto por ocho ancianos entre los 62 y los 79 años. En este caso los resultados fueron contradictorios, aunque todos habían conocido a Juan de Urbina durante sus años de matrimonio con Lucía Martín. No se pusieron de acuerdo en la identificación del personaje. Cada uno fue confrontado con cuatro sujetos mayores de edad para que lo reconocieran. El primero dijo que bajo cargo de juramento, ninguno de aquellos hombres era el Juan de Urbina que conoció en Sanlúcar. El segundo señaló otro de los cuatro (resultó ser Juan de Ledezma, alcalde de las cárceles secretas). El tercero identificó al Capitán como al Juan de Urbina que había convivido con Lucía Martín. Preguntado cómo había llegado a tal conclusión, dijo que por la señal de la nariz que todavía se le veía. Otro también lo identificó, y al ser cuestionado dijo que tenía los ojos rasgados, iguales a los de una nieta de Lucía Martín. Decenas de declarantes adujeron razones similares.

Además, durante ese mismo año aparecieron testigos que habían conocido a Juan de Urbina en las Indias. Eran marineros, funcionarios públicos, clérigos o comerciantes que regresaban a España y que eran indagados sobre los antecedentes y la vida del reo. Respecto de muchos de ellos ni siquiera se guarda memoria de sus nombres en los folios. El 10 de febrero de 1633 "declaró un testigo". Dijo que había conocido hacía treinta años a Juan de Urbina en casa del contador Juan Beltrán de Lasate en Santa Fe de Bogotá. Fernando de Berrío, natural de Santa Fe de Antioquia del Nuevo Reino, de 36 años, declaró haber conocido a dos personas de nombre Juan de Urbina, ambos en las Indias. Uno de ellos, según creía, había muerto hacía 25 años. El bachiller Miguel de Cepeda, natural de Tunja del Nuevo Reino de Granada, de 30 años de edad, ahora residente en Sevilla, dijo que había estado en Pamplona donde conoció a un Juan de Urbina, vizcaíno de nación, el cual estaba casado con una señora principal, cuyo nombre no recordaba.

Declaró también Joseph Sabáter, quien fuera prior de un convento en Pamplona.

En cuanto a los documentos, estudiaron la escritura de compra de una casa en Sanlúcar, en la cual aparecía el nombre de Juan de Urbina. Estaba en poder de una de las nietas de Lucía Martín. Establecieron la historia de la propiedad, sus diferentes dueños, las reparaciones que se llevaron a cabo y comprobaron la firma de un testigo "a su ruego", porque Juan de Urbina no sabía firmar. Fue tramitada ante Juan de León, el escribano de Sanlúcar, el 11 de febrero de 1578. De las parroquias de Andagoya y de la Puebla de Valenzuela se recibieron informes negativos. El libro de bautizos más antiguo que encontró el cura del lugar de Andagoya era de 1570 y allí no figuraba ningún Juan de Urbina. Dos sobrinos del reo, Martín Ortiz de Urbina y Fernando Ortiz de Urbina, presentaron un documento firmado por el alcalde ordinario del Valle Real de Quartango, en el que constaba que Juan de Urbina era hijo de Francisco Ortiz de Urbina y de Mari Sáenz de Zárate, que había nacido en dicho lugar de Andagoya en el año de 1567 y que a los catorce años de edad había partido para las Indias. Tal documento era la primera noticia que se tenía de familiares vivos del capitán Juan de Urbina en España. Habría sido la ocasión para llamar a los sobrinos a declarar, y por intermedio de ellos localizar a las hermanas del reo, con lo cual podrían comprobarse los hechos de la niñez y juventud del capitán preso. El folio correspondiente fue redactado por alguno de los notarios e intercalado entre los demás folios, y, según parece, no mereció la atención de los jueces.

En cuanto al Juan de Urbina de Pamplona, las indagatorias empezaron a dar resultados positivos. Don Alfonso Dávila, natural de Mérida en la Nueva Granada, de 22 años de edad, tenía "noticia cierta" de que en Pamplona vivió y murió un tal Juan de Urbina, casado con doña Beatriz de Cuellar y Rangel. Cuando Dávila partió de aquellos lugares, doña Beatriz continuaba viva. Igual testimonio dio don Martín de Oquendo, natural de Pamplona, de edad de 35 años. Había conocido a un Juan de Urbina, casado con doña Beatriz de Rangel. Urbina había muerto; se trataba de un hombre corpulento, de barba y cabello rojizo originario de la provincia de Alava.

El tribunal de Sevilla estaba, pues, encaminándose por una vía segura. Sin duda en Pamplona de Indias vivía o había vivido otro Juan de Urbina casado, por la época en la que el reo trabajaba en las minas de Cáceres. Y mientras existiera suelto por el mundo un Juan de Urbina bígamo, no podían soltar al Juan de Urbina que tenían preso. La evidencia de que aquél no era este solo era contundente cuando tuvieran presos a los dos, uno frente al otro. Pero ya no sería el tribunal de Sevilla el encargado de continuar con el caso; este tendría que regresar a Cartagena de Indias, en cuya jurisdicción se encontraba Pamplona.

V.

MEMORIAL DEL PROCESO

El 19 de septiembre de 1633 se reunieron los cuatro jueces calificadores encargados del proceso, quienes hablaron y votaron en la siguiente forma:

El doctor don Bernardo de la Cabra tomó la palabra. Hizo hincapié en el hecho de que Lucía Martín se había referido en varias ocasiones a los ojos azules de su esposo y que era necesario comprobar si el Juan de Urbina de Pamplona los tuvo de ese color. El reo a disposición del tribunal evidentemente no los tenía azules, aunque mostraba otras señales que podían corresponder con las del supuesto esposo de la demandante. Opinó que antes de concluir el proceso era necesario allegar más información en la ciudad de Pamplona. En consecuencia, su voto era que se remitiera la causa a los inquisidores de Cartagena para que determinaran lo concerniente.

Los inquisidores don Juan Zapata de Figueroa y don Agustín de Villavicencio fueron del mismo parecer y respaldaron el voto de Bernardo de la Cabra. No adujeron otros motivos.

El inquisidor don Juan Federigui dijo que era evidente que existían —o habían existido— varios individuos con el nombre de Juan de Urbina. Los dos más claramente discernibles eran el reo y el de Pamplona, casado este con doña Beatriz Rangel. En cuanto al reo, no podía tener la edad que aducía Lucía Martín. Por esta razón debía dejársele libre. La decisión final, sin embargo, era responsabilidad del Consejo, al que pasaba el proceso "para que sus miembros proveyeran lo que fueren servidos". Y que si el Consejo no aprobaba la libertad del reo, se reintegrara a la Inquisición de Cartagena para que determinaran lo concerniente, "con la asistencia de ordinarios".

No hubo, pues, consenso en sus determinaciones. En estas circunstancias, el proceso pasaba a la consideración de la instancia superior, el Consejo de la Inquisición de Sevilla, conformado por tres jueces, uno de los cuales era el doctor don Luis Morales de Oquendo, inquisidor general, quien lo presidía. El 26 de octubre de 1633 se reunió con el objeto de conocer lo actuado y, si era del caso, fallar. Una vez instalados los jueces en la sala de las deliberaciones y cumplidas las solemnidades de rigor, don Luis Morales de Oquendo ordenó a los notarios traer la totalidad de los folios que configuraban el proceso, orden que fue cumplida de inmediato. Los fueron poniendo en la mesa principal y esta quedó cubierta con folios de varios tamaños y apariencias. Pasaban de quinientos y presentaban un lamentable estado de desorden. Estaban sin empastar. Muchos tenían manchas, otros estaban arrugados o rotos y, al comprobar la secuencia, se encontraron faltantes, transposiciones y otros descuidos.

Los tres jueces superiores se dieron cuenta de que con tal desorden era imposible adelantar cualquier discusión. En vista de lo cual Morales de Oquendo dio por terminada la sesión, y mandó que este servidor recogiera los folios, los organizara y redactara un memorial o resumen, en el cual se incluyera solo lo pertinente, con el fin de ayudarles a los jueces acertar con justicia en la decisión que debían tomar.

* * *

Principales fuentes históricas

"Memorial del Proceso", Santo Oficio de la Inquisición, Cartagena de Indias, Sevilla, 1627-1633.

"Viaje y suceso de los carabelones" por Bartolomé Gómez de Pastrana (impresor), Sevilla, 1621.

"Señor, súplica que hace Juan Sáenz de Hurtado, vecino y encomendero de la ciudad de Tunja", Madrid, 1603.

Castellanos, Juan de. *Elegías de varones ilustres de Indias.* Edición al cuidado de Gerardo Rivas Moreno. Cali. Fundación para la investigación y la cultura, 1997.

Simón, Pedro. *Noticias historiales de las conquistas de Tierra Firme en las Indias Occidentales.* Bogotá, Biblioteca Banco Popular, 1981, seis volúmenes.

Solís y Valenzuela, Pedro. *El desierto prodigioso y prodigio del desierto.* Bogotá, Instituto Caro y Cuervo, tres volúmenes, 1977, 1984, 1985.

Friede, Juan. *Fuentes documentales para la historia del Nuevo Reino de Granada, 1550-1590*, Bogotá, Biblioteca Banco Popular, volúmenes 89 a 96, 1976.

Lucena Salmoral, Manuel. *Nuevo Reino de Granada, Real Audiencia y Presidentes 1605, 1628* en *Historia Extensa de Colombia,* Bogotá, Lerner, 1965.

Colección

Los Conjurados

poesía

1. Poesía vertical — Roberto Juarroz
2. Mi cuerpo es mi camino — Adonis
3. La palabra liberada — Gonzalo Márquez
4. Revelación y caída — Georg Trakl
5. Antología esencial — Amparo Osorio
6. De la incesante partida — Mauricio Contreras H.
7. Poemas escogidos — Giuseppe Ungaretti
8. La otra vida — Rodolfo Alonso
9. Por decir así — Alfredo Chacón
10. Silencio de la huella — Germán Villamizar
11. Una temporada en el infierno, — Arthur Rimbaud
12. Inconsistencia de la mirada — Enrique Rodríguez Pérez
13. Poemas perversos — Antología internacional
14. Ciega luz — Hernando Guerra
15. Inti Manic — Juan Sebastián Gaviria
16. Antología poética — António Ramos Rosa
17. Saldo a favor — Eduardo Cruz Vázquez
18. Vigilias — Javier González Luna
19. La coma de la luna — Antología poesía mexicana
20. Oscuro nacimiento — Gonzalo Márquez Cristo
21. Cementerio — Mario Eraso Belalcázar
22. Sólo queda gritar — Felipe Martínez Pinzón
23. Ensayo sobre las cosas simples — Mairym Cruz-Bernall
24. Ulises y su perro (Antología) — Claude Michel Cluny
25. Las excusas del desterrado — Robert Max Steenkist
26. El derviche y otros poemas — Jorge Cadavid
27. Cuadernario — Luis Alejandro Contreras
28. Allí donde brota la luz — Jorge Nájar
29. Las sombras del asedio — Argemiro Menco Mendoza
30. El amor, la muerte y otros vicios — Casimiro de Brito
31. Sombra embestida — Hernando Guerra
32. Estación del instante — Miguel Torres Pereira
33. Palabras sin escolta — Elsa Tió
34. He venido a ver las nubes — Gustavo Tatis Guerra
35. Eternidad visible — María Clara González
36. Emprender la noche — José Zuleta Ortiz
37. La tentación inconclusa — Hellman Pardo
38. Casa Tiempo II — Yuichi Mashimo
39. Navíos de Caronte — Carlos Fajardo Fajardo
40. Poetas bogotanos — Antología
41. Bodegones — René Arrieta
42. Objetos que nos miran — Olga Malaver
43. Cicatriz Souvenir — Juan Sebastián Gaviria
44. Los materiales humanos — Leonardo Padrón
45. Yuluka — Ortiz, Pinto, Palencia, Oñate, Jiménez

cuento

1. Cuentos perversos — Apollinaire, Mishima, Sade, Louÿs, Petronio...
2. Trilogio — José Chalarca
3. Los matices de Eva — Maribel García Morales
4. Oficios de Noé — Guillermo Bustamante Z.
5. El público en escena — Enrique Ferrer Corredor
6. Del amor inconcluso — Fabio Martínez
7. Habana roja — Sara Fernández Rey
8. Cuentistas bogotanos — Antología
9. El dios ebrio y otras ficciones — Hermínsul Jiménez Mahecha
10. Pisadas en la niebla — Antología de cuentistas boyacenses

ensayo

1. Pedro Páramo: murmullos... — Fabio Jurado Valencia
2. No vi otro refugio — Mauricio Botero Montoya

testimonio

1. Discursos Premios Nobel Tomo I — Perse, Saramago, Faulkner, Camus, Paz, Hemingway, Neruda, Walcott, Grass, Quasimodo, García Márquez
2. Discursos Premios Nobel Tomo II — Milosz, Cela, Kawabata, Morrison, Elytis, Heaney, Mahfouz, Naipaul, Böll, Szymborska, Brodsky
3. Discursos Premios Nobel Tomo III — Montale, Eliot, Gordimer, Russell, Mistral, Seferis, Kertész, Seifert, Soyinka, Golding, Steinbeck
4. Con-Fabulación 100 — Antología periódico virtual
5. Grandes entrevistas Común Presencia — Gonzalo Márquez Cristo y Amparo Osorio

Común Presencia Editores
Tel/fax: 571- 2550478, 3465677. Cra. 10 No. 65 - 77 Piso 4. Bogotá - Colombia
E-mail: comunpresencia@yahoo.com

Para quienes creen que *hay más de una sabiduría y todas son necesarias al mundo* (Marguerite Yourcenar), este libro se publicó en Bogotá, Colombia, en el año 2011, con la dirección gráfica de *Común Presencia Editores*.
El texto fue compuesto en *Times New Roman* 12.5 puntos, los títulos en *Calibri* y la impresión se realizó sobre papel *Beige* de 70 gms.

Made in the USA
Columbia, SC
12 September 2018